KUWEI
酷威文化
图书 影视

哲学家都爱了谁

黄鼎元 著

台海出版社

前言

哲学家如何谈恋爱?

人们往往误以为哲学家们不食人间烟火。任何一本哲学史在系统性地说明哲学家的思想前,通常会简短地介绍哲学家的生平:出生(可能介绍一点家庭背景)、经历(略提婚姻,但也就是一两句话)、几个哲学家耳熟能详的重要故事、哲学家的死亡以及其思想对后世的重要影响。如果你翻开的是哲学家的传记,除非是像《尼采:其人及其思想》(*Nietzsche: Biographie seines Denkens*)这种将生平与思想著作编写在一起的图书,不然我们通常只能在书的导论或第一章,简略了解哲学家的生平。这种现象仿佛将哲学家的人生经历与思想彻底撕裂，一分为二！

确实，这里存在一个问题：一个人的专业能否与生活画上等号？我们提到的这些哲学家，他们每一位都是思想上的巨人，了解他们的哲学思想，我们的思想能得到全面提升，从而拥有更广阔的视野，甚至能对人生有所启发。但他们自己呢？在成为哲学家前，首先，他们都是活生生的人，有血，有肉，有感情，之后才是一位哲学家。但当我们认识这些哲学家时，一般是先认识他们的思想，之后才认识到这个人原来并非我们幻想中的人物。例如尼采过世于 1900 年，离我们才120 多年；对当代政治与哲学研究极具影响力的约翰·罗尔斯（John Rawls）其实 2002 年才刚过世；再者，提出行动沟通理论（此理论被应用在当代许多重要的专业领域内）的哲学家尤尔根·哈贝马斯（Jürgen Habermas）目前仍在世，并且持续进行研究与创作。

我们疏远哲学，通常是因为我们仅熟悉哲学理论，却对提出理论的哲学家一无所知。但思想类的工作，往往与人品相结合且互相影响（类似电影台词"人品好，牌品自然就会好"的意思）。想象一下，如果一位重量级的学者被爆出他的实际生活与其提出的学说相悖，我在本书中是否仍可以继续将他的生平与学说剥离开，若无其事地研究甚至实践他的理论？或许我可以通过约翰·霍华德·尤德尔（John Howard Yoder, 1927—1997）这位基督教哲学家的故事来思考这个问题，并厘清我们的观点。

"龌龊"的尤德尔

尤德尔是美国伦理学教授，他的研究与著作在学术圈中占有重要地位。但就目前已知资料来看，在 1973—1992 年，尤德尔利用职务之便性骚扰或性侵超过 100 位女性。尤德尔主张，接触可区分为"亲密接触"与"性器官接触"：前者指男女间在信仰的自由中，通过肌肤亲密来表达关系的紧密。他宣称，为了证明自己的主张为真，他通过给女性咨询辅导的机会，实验并证明男女之间可以拥有排除性器官的性亲密。虽然尤德尔被指控以实验之名进行多次犯罪，但他从不认罪，因为他坚称他没有做过这些事情，而且他进行这些活动的目的是辅导与咨询，是为了帮助女性克服对性的恐惧——他相信自己是伦理学者，使命是挑战恐惧、禁止性的文化。他对勾引女性有一套标准流程：首先是夸赞对方，之后是和女性建立友谊，随后便是邀请女性参加活动,他趁机进行犯罪,最后还要求受害者必须写出自己被侵犯的感受。即便事情爆发,尤德尔在接受调查时,仍然通过诡辩为自己的行为开脱,并拒绝承认自己有错,导致这些受害的女性在(调查)过程中无法获得帮助。有一次,尤德尔的妻子发现丈夫在欺负一位神学院女学生,她希望学校能够处理,但神学院竟然要求这位女学生不得张扬,否则就要勒令其退学。从 1975 年开始,门诺会内部逐步开始处理尤德尔的丑闻。但直到 2013 年,这件事才真正获得处理。2015 年,这些受伤害的女性才得到正式道歉。

提及尤德尔是为了让大家思考:一个教导伦理道德的老师,当他在性方面犯罪时,其著作还值得我们阅读吗?尤其当他提出非暴力主张,却通过近乎暴力的方式伤害女性时,他的学说被打上了问号。类似的事情近年再次发生:美国著名学者拉维·撒迦利亚(Ravi Zacharias),通过情绪勒索多次逾越男女情欲的界线,直至 2020 年,他过世后,整件事才被揭开。当我们看待这些事件时,我们是否留意到,过往在理解哲学家、神学家、心理学家等专业人士的思想时,我们总是习惯尽量将思想与个人分开,避免以人废言。但我们忽略了一件重要的事,他们就是活生生的人,在思考学说并撰写著作时,他们的生活经历会不断影响其思维及选择。我在这本书采取了不同于其他专业书籍的介绍方式，是想和读者聊聊哲学家自身发生过的故事，他们的情感，或是他们怎样考虑婚姻。我尝试进入哲学家的实际生活，理解他们最隐秘（也是最容易被人忽略）的那一面。

我不是八卦记者啊！

除了尤德尔，后面还会提及许多哲学家们的（爱情）故事，可能你会问：这难道不是在制造噱头、吸引眼球吗？八卦杂志追逐艺人，从中找到他们需要的素材，之后添油加醋，使其成为一篇篇猎奇的报道。这本书也是如此吗？从史料与著作内挖出哲学家的生平，扒开他们的过往，在理性的外衣下寻找那些不堪入目的精彩八卦，好借此卖书赚钱？不，当我在撰写这本书时，我始终在问自己一个问题：哲学家的生平与其理论是否相关？

一个人会有什么样的价值观，通常脱离不了他所处的社会环境与成长背景。约翰·穆勒（John Stuart Mill）之所以成为效益主义（Utilitarianism）的重要代表人物，与他的父亲有

关。他的父亲是效益主义重要代表人物杰里米·边沁（Jeremy
Bentham）的友人与支持者。穆勒从小就认识边沁，也跟他一
同前往法国旅游及学习，日后更是成为边沁的秘书，为他整理
书籍资料。在耳濡目染下，穆勒学习到效益主义的精髓——这
部分我们后面再详细说明。穆勒这样的人生经历若是未被整理
说明，很容易会被忽略。对哲学思想有兴趣的朋友（包括我自
己）都曾想问：为什么这位哲学家会有这样的思想？如果在希
腊哲学时期，或许在思想萌芽阶段，哲学思想并不丰富；但是
到了近代，尤其是当代，这么多的哲学思想，为何会得出那样
的推论内容？思想是如何发展的？了解哲学家的人生经历，或
许更能帮助我们厘清其哲学思想产生的关键所在。

　　确实，现在面对哲学家的思想时，我们容易把其生平与
思想分开来看。我们可以畅谈某个人的学术思想，但他的生
平仿佛与我们毫无关系。即便我告诉你，西格蒙德·弗洛伊
德（Sigmund Freud）过世于 1939 年，而卡尔·古斯塔夫·荣
格（Carl Gustav Jung）逝世于 1961 年。你可能也仅是有些震
惊，这些影响 20 世纪乃至当代的哲学家竟然和我们生活的年
代这么近。到了当代，哲学家多半在学院内工作，在学术圈中
提出思想，和过往比起来，生活简单而规律（不过有几位当代

哲学家的爱情故事，若细细探究，颇有可看之处）。即便如此，我们还是可以从他们的生活中，看到那些思想带来的影响。哲学家们提供的建议可被应用在爱情中：不是为了揭人伤疤，而是因为他们每个人的生平故事或学说思想，都能照见我们的现实生活，可以给我们的爱情提供有价值的参考。更何况，并非所有哲学家都像尤德尔般令人发指，在哲学家的爱情故事中，多的是言行一致且令人会心一笑的美好感情，像是犬儒学派（Cynicism）的克拉特斯（Crates）与希帕尔基亚（Hipparchia）的婚姻。

"你不娶我，我就死给你看"的哲学家

在希腊罗马哲学时期，犬儒学派的哲学理念独树一帜：人可以活得像狗一样，而且当你过着如同狗一样的生活时，你将会感到真正的快乐。因为犬儒主义强调，生活的目的在于获得美德。人可以通过自然的方式生活，摆脱对财富与世俗的渴望。他们被称为"犬儒"，犬儒来自"Cynicism"这个词中的"cynic"。希腊文中的"kynikos（cynic）"本意就是狗。不过也有人说，这个词是指第一位犬儒学派哲学家安提斯泰尼

（Antisthenes）在传讲学说时的体育场，这个词的意思是"白狗聚集的地方"。

刚开始，"犬儒学派"并不是什么美好的形容词，甚至带有侮辱及嘲笑的意味：此派的哲学家竟然胆敢拒绝城邦制度中的美好事物，还喜欢住在街头，这在强调群体关系的希腊社会中是何等另类的事。而第二位犬儒学派当家者第欧根尼（Diogenes），他不但住在街头，还被人们直接称呼为"狗"！为此他也不客气地回呛："通常狗会咬它的敌人，但如果是我的'朋友'打狗的话，我会咬我的'朋友'来救狗。"直到后来，犬儒学派被认为是"犬"儒，主要强调他们对生活苦难的无动于衷，他们也跟狗一样捍卫自己的哲学理论，跟狗一样区分谁是朋友（那些适合他们学派的人）、谁是敌人。克拉特斯也是这样的人——他是犬儒学派第三任继承人！

按照克拉特斯的学生梅托克里斯（Metrocles）的描述，克拉特斯的生活极为简朴。梅托克里斯在师从克拉特斯之前，为了维持体面的生活需要，即使家里提供一切生活费用，他还是会担心，毕竟这样的生活需要衣服、仆人、房舍、美食与美酒等支撑。但当他跟随克拉特斯后，他只需穿最糟的衣服，吃最简单的食物就可符合犬儒学派的要求。夏天睡神庙，冬天则睡澡堂，生活自由自在。梅托克里斯回家时开心地说起自己老师的事情，他的妹妹希帕尔基亚听后感到好奇，偷偷跑去看让哥哥心服口服的人，没想到一见倾心，竟然爱上了克拉特斯。她先是把所有追求者赶走，再跑去跟克拉特斯说自己想要嫁给他。希帕尔基亚也跟她的父母说，只要他们敢拒绝这段婚姻，她就会自杀。克拉特斯没办法，只好脱掉自己的衣服，赤身裸体地站在希帕尔基亚面前，表示如果她真要下嫁，自己就只有这么多东西能给她（别想了！克拉特斯可不是小鲜肉，他的身材差到一脱掉衣服就会被嘲笑）。即便如此，希帕尔基亚仍然对未来的老公非常满意，最后两人结婚了——克拉特斯常说他们就是两只狗（犬儒）的婚姻。他们婚后住在斯多葛学派的学院内，并生了两个孩子。希帕尔基亚穿着男装，和克拉特斯在相同的条件下一同生活。从墓志铭上，我们可以看出她的雄心壮志：我没有选择有钱女人的生活，而是选择了愤世嫉俗的男子气概……我的名声更胜亚特兰特（Atalanta，希腊神话中善于在山野奔跑的女猎人），因为智慧更胜于在山林疾走的人。

古希腊罗马中女性的地位并不如今日崇高，希帕尔基亚却因为跟丈夫平起平坐而出名——那个时期还有许多女性也加入犬儒学派，但仅有她的名字流传下来。克拉特斯在希帕尔基亚生完孩子后还曾给她养育的建议，像是给孩子洗澡时用冷一点的水，长大后送给孩子拐杖与斗篷。第欧根尼甚至建议罗马人应该以"希帕尔基亚"命名一座城市（不过这件事并未发生）。希帕尔基亚的婚后生活更加愉快，据说她写了一些哲学论文，只可惜没能流传下来。在老公的帮助下，她活出了真实的自己，她很满意自己的生活。所以若有人告诉她"女人应该是怎样"时，她认为与其花时间坐在织布机前或从事家务，不如花时间学习哲学来得更有价值。

哲学家也是人，也是肉体凡胎

通过尤德尔或克拉特斯和希帕尔基亚的故事，我们会发现，哲学家们其实也是有着七情六欲的普通人。当我在书中谈论哲学家的爱情故事时，或许你会发现这远比讨论他们的理论要有趣多了。虽然你可能会被惊吓到 [例如彼得·阿伯拉尔（Peter Abelard）为爱失去身体的某个部分]，甚至可能会觉得，哲学家们怎么都是这么奇怪的人啊？他们的哲学理论难以理解也就罢了，怎么连爱情故事也如此匪夷所思？

当我在写哲学家的爱情故事时，我刻意选了一些极为特殊的故事——当然我也会考虑这位哲学家是否为大家所熟悉。所以如果你问我，为何要选某个哲学家时，我大概是这样考虑的：首先，大家熟悉这位哲学家吗？例如伊曼努尔·康德（Immanuel Kant），或许我们看不懂他的理论，但至少听过这位德国哲学家。其次，这位哲学家有没有写过跟感情、婚姻相关的作品？如果有，这些著作能给我们什么建议？如果没有，在他的哲学理论中能不能找到对我们有帮助的地方？最后，这位哲学家自己的婚姻或爱情故事是否会让我们大吃一惊？

你或许没有想过，人类历史上被载入史册的哲学家有多少位。我提供一个数字，让大家明白我的考量：哲学圈颇具盛名的邬昆如教授在他800页的著作《西洋哲学史》中，收录了1000多位哲学家。所以基于上述原则，你会懂我选择的理由。例如柏拉图（Plato），他虽然未婚且没有爱情故事，但从他的《对话录》中我们能看到有关爱情起源的神话；又例如卡尔·亨利希·马克思（Karl Heinrich Marx），他的爱情故事非常精彩，他与妻子既是青梅竹马的姐弟恋，又是在颠沛流离中相互扶持的患难夫妻。此外，他观察到的社会阶级现象，很大程度上是当时社会对婚姻模式的认知。还有伯特兰·阿瑟·威廉·罗素（Bertrand Arthur William Russell），他离婚3次，结婚4次，第 4 次没离婚是因为他过世了，并且他在 20 世纪初写出《论婚姻与道德》（*Marriage and Morals*）这本惊世骇俗之作。当然有些哲学家的名字，你们可能连听都没听过，像是彼得·阿伯拉尔，但在他们的生平或著作中，我们总是可以找到那些对婚姻或情感有帮助的建议。在这里我应该负责任地多说一句：如果你觉得某位哲学家的爱情故事太过离奇，觉得我好像在骗你，请相信我，这些资料其实都能查得到，只是我们并未将人与其理论联系在一起而已。

一个人的专业当然与他的研究有关啊！

从哲学家的理论来看，每一位哲学家的理论或许都有其对哲学发展的重要影响，但从他们的生平来看可能就不是这样了。

2005 年，尼格尔·罗杰斯（Nigel Rogers）与麦尔·汤普森（Mel Thompson）出版了《哲学家劣迹录》（*Philosophers Behaving Badly*，也译作《别人的错都是我的错》以及《行为糟糕的哲学家》），他们在前言中曾说，哲学家的学说不应该与他们的生活分开来。我们相信，哲学家这个身份代表着理性与智慧，所以他们应该追求真理与美德。确实，有些人在生活中落实了他们的理论，像前面提到的犬儒学派。问题是，与此相反的哲学家大有人在，就像被人戏称为"Dirty Bertie"（肮脏的伯蒂）的罗素。

罗杰斯与汤普森在书中这样说："如果哲学家能够只专注于工作，保持对知识论、逻辑甚至形而上学的讨论，那么严格来说，学术领域会比政治或经济领域都安全。但是当我们发现伦理学这样一门学科越来越靠近生活，也就发现哲学家的人生经历对其学说产生了巨大的影响。"

罗杰斯与汤普森在他们的书中列举了 8 位哲学家，包括让-雅克·卢梭（Jean-Jacques Rousseau）、亚瑟·叔本华（Arthur Schopenhauer）、弗里德里希·威廉·尼采（Friedrich Wilhelm Nietzsche）、罗素、路德维希·维特根斯坦（LudwigIg Wittgenstein）、海德格尔、让-保罗·萨特（Jean-Paul Sartre）与米歇尔·福柯（Michel Foucault）——其中有几位哲学家在我的书中也会提到。如两位作者强调的，哲学可以启发人类思想，但也会误导众人，甚至有的哲学家欺世盗名。哲学家的行为有好有坏，情绪有时悲伤有时疯狂，但无论如何都与他们的思想息息相关。

不过我与罗杰斯和汤普森书中描述的还是有所出入。罗杰斯与汤普森仅描述了一位哲学家的生平与行为,我则是通过哲学家的爱情与学说,向读者概述他们的生平与思想,从不同角度来认识这些思想上的伟人。这样一来,我们能更清楚地认识他们,从而进一步决定我们是否要深入研究其学说思想。

让我先为这本书定个基调

严格来说,这本书并非哲学学术上的严谨著作,本书仅仅是对哲学家理论的日常诠释与应用,给爱情一些建议或参考。比较谨慎的读者可能会想:这些诠释与应用会不会超过哲学家原本阐述的理论范围,或者是否会过度脑补读者的认知?例如《超译尼采》这本书就曾引发正反双方意见,作者在撷取尼采著作时,似乎没有特别注意上下文的关联,以致部分学者认为他断章取义,把尼采建构成过度乐观的哲学家,甚至在其文中还出现了原著中从未出现的结论。

我想,这本书不会出现上述情况。本书只是尝试把理论加以应用,且非严谨的哲学著作。我自己是这么认为的:这本书更多像导览手册,好让读者在短时间内认识一位哲学家,了解其思想中与情感、婚姻相关的部分（还有那些重要但很难懂的学术思想）。要了解一位哲学家的思想，阅读原书会是最好的方式。但是我们也知道，有些哲学家在表达个人论述时为了确保理论精准，会导致其文章艰涩难读。这本书的目的之一，是通过了解哲学家的生平，让我们能稍微接近这个人的思想。我会尽量用浅显的语言解释哲学家的思想，力保非哲学专业的朋友也能看得懂。但请读者见谅，有一些专有名词就是那样，如果造成阅读上的辛苦，我先对你说声抱歉。另外，如果因为把哲学家的思想应用到生活中，导致有些读者不一定会赞同书中提到的论点，我也先向读者说声抱歉，具体应用是否合理，或许从我自身的专业与创作这本书的目的来看，是可以被接受的。

不过，在翻阅此书时，或许有人会提出这样的问题：这样的爱情指南是否仅限于男女情感？过往的哲学家们，基于时代背景与婚姻制度的限制，讨论的多为男女两性间的感情问题——如果你翻到叔本华那一章，甚至会难以忍受他的厌女情节及对女性的诋毁贬低。这些哲学家在探讨婚姻与情感时，除了明确对男女性别与婚姻的描述外，对感情的观察或对爱情及恋爱模式的建议，还是适用于男女之间的爱情关系。

你在阅读时会发现,我在书中通常是用"对方""伴侣"或"另一半"这样的名词来指称哲学家的对象,除非这位哲学家清楚使用男性／女性、丈夫／妻子这种性别明确的表示。

本书没有专章讨论"失恋",是因为没有太多哲学家讨论失恋是怎么一回事。比较特别的是索伦·克尔凯郭尔(Søren Kierkegaard),他的失恋本身是个人选择产生的结果。我们很少在哲学家的讨论中看到他们如何评价失恋这件事。哲学预设了人的存在与理性,所以哲学家总能在理性的状态下劝告别人。但人具有情感属性,所以当我们失恋或感到痛苦时,反而难以释怀。哲学在此提供的建议仅仅是让我们变得更为理性,一旦通过理性或哲学家们的建议来反思自己,或许我们可以看到更明确的结论,也有可能得出完全相反的结果。

本书的撰写还有另一个限制:我是一位(生理与心理意义上的)男性。身为一名男性,我承认自己无法完全理解女性的思维,例如有时我觉得女性无法理解我的思维——这是纯粹对事实的描述,不带任何价值判断。从目录来看,本书没有提到太多女性哲学家,一方面历史上女性哲学家确实不多,另一方面书中所提到的爱情故事中缺少女性的声音。这和历史背景有关,也和当时的制度有关,再加上我的性别限制,所以只能尽可能从客观角度来陈述事实（或许有读者会认为我的性别已经限制了客观性）。虽然在身为男性或女性之前，我们首先是一个人，但这样的观念确实曾在哲学史上缺席了很长时间。所以当我们想大骂某个哲学家是"渣男"时，也让我们更愿意以一个人的身份，而不是以一个男人或女人的身份来看待哲学家以及身边的人。

我们现在可以通过了解哲学史的发展，看待不同哲学家的爱情故事：无论是他们自己的故事，还是他们哲学思想中那些与爱情、婚姻相关的部分。

CONTENTS

目 录

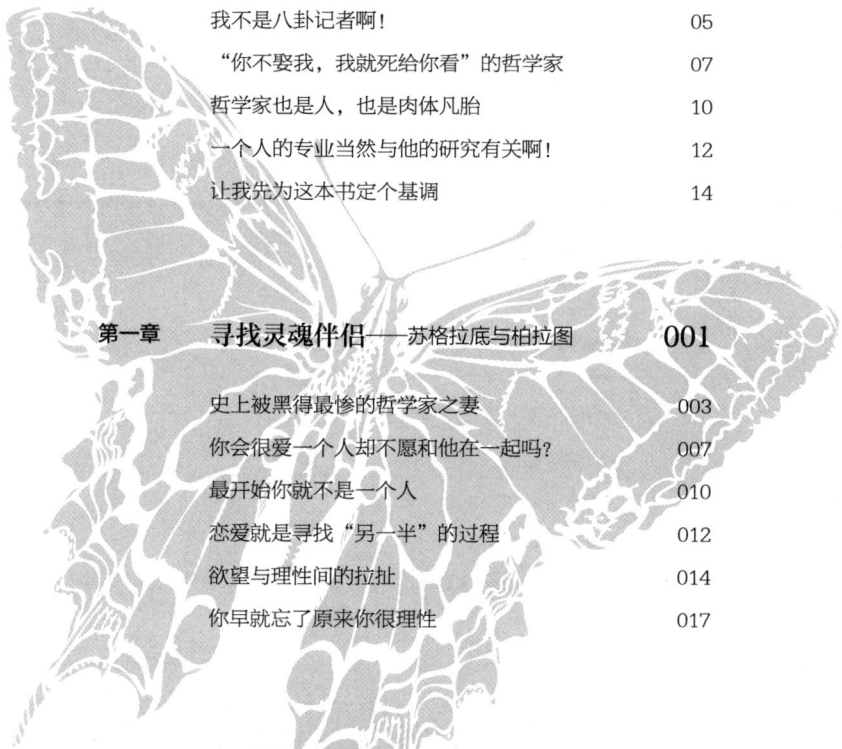

第一章

寻找灵魂伴侣

——苏格拉底与柏拉图

　　很多人认为他现在的另一半是自己的"灵魂伴侣"；出轨的人们也不断强调，自己的出轨对象才是唯一的灵魂伴侣——尽管几个月后可能就不爱了，仿佛灵魂是廉价的，随时可以将其抛弃。问题是：如果那个人真的是你的灵魂伴侣，是否代表着你会持续爱着那个人？

　　此问题衍生出另一个问题：你有没有可能很爱一个人，却不能或不愿意跟他在一起？苏格拉底会告诉你，"那是不可能的"。因为当你遇见真正的灵魂伴侣时，你肯定会不顾一切地和对方在一起。"灵魂伴侣"一词来自柏拉图，他在《会饮篇》（*Symposium*）中阐明性别与爱情的由来，谈论为何有人是异性恋，有人是同性恋，还谈论"柏拉图式恋爱"。苏格拉底与柏拉图这两位知名哲人，一位有凶悍的老婆，一位未婚，但两人对灵魂、爱情与性别的讨论，都对后世产生了深刻影响。

史上被黑得最惨的
哲学家之妻

苏格拉底被誉为"西方的孔子",与柏拉图、亚里士多德（Aristotle）同为"希腊三贤"。苏格拉底虽被神谕称为全希腊最聪明的人，但由于他无法相信自己可以获此殊荣，从而与各领域的专家精英辩论。苏格拉底通过辩证法与不同的专家讨论他们各自擅长的内容，然而专家们却一个个败下阵来，于是苏格拉底得到一个结论：自己之所以被称为全希腊最聪明的人，是因为他愿意承认自己的无知。苏格拉底被雅典法庭指控"不虔诚"和"腐蚀雅典青年思想"而判以死刑。苏格拉底原本可以逃走，但他认为，若逃走，只会更加破坏法律权威，于是最终选择喝下毒药。

苏格拉底的妻子是赞西佩（Xanthippe）。提到她，大部分人会立即想到，这是一个脾气暴躁的女人。但事实上，她可能是被黑得最惨的哲学家之妻，关于她的流言蜚语比事实还要多。若在现代，我们大概经常能在网页新闻上看到她的八卦，而且新闻还会配上极其夸张的标题——"赞西佩当街咆哮，苏格拉底脸上无光"。

事实上，赞西佩出身贵族，为苏格拉底生了 3 个孩子。她较为年轻，两人年龄甚至可能相差 20 岁以上，所以有人认为苏格拉底娶她时应是再婚。她确实脾气暴躁，但不似后人说得这么夸张。据说因为她的脾气，有人请教苏格拉底如何确认结婚对象是否合适时，苏格拉底以自身为例告诉他，如果娶了温柔的妻子会得到美满的家庭；若娶了暴躁的老婆，可以和自己一样成为哲学家。然而柏拉图在对话录《费多篇》（*Phaedo*）中阐述，赞西佩是一位尽责的妻子与母亲——柏拉图长年跟随苏格拉底，他的观察应是正确的。

赞西佩性格如此暴躁，苏格拉底究竟为何要娶她呢？据说，苏格拉底认为赞西佩是所有女性中最难相处的，正因如此才要与她结婚。试想，骑士若能驾驭最桀骜不驯的烈马，必能管理其他所有的马匹。同样，苏格拉底希望自己能与形形色色的人打交道，所以，他选择了赞西佩。因为他若能容忍赞西佩，必然能与任何人相处，只是这种容忍是要付出代价的！有一次两人大吵一架，赞西佩在苏格拉底的头上泼了一桶污水（另有一说是屎尿）。苏格拉底只能自嘲道："雷鸣过后必有大雨。"

赞西佩之所以在日后变成"悍妇"的代表人物，是因为与她同时期的剧作家用"悍妇"来揶揄她，莎士比亚也曾在戏剧中以"悍妇"的形象提及她，由此，赞西佩的"悍妇"形象"深入人心"，以至于1875年被发现的小行星156被命名为"赞西佩"，也被称为"悍妇星"。

据说大哲学家尼采认为，赞西佩把苏格拉底的家弄得像地狱般，因此苏格拉底只能逃避到哲学中 —— 不过也有人说，是苏格拉底莫名其妙的个性与生活态度使得"娇妻"变"悍妇"。

如果我们只注意到赞西佩的暴躁脾气，而忽略了这位太太对丈夫的至死不渝，对她来说，并不公平。当苏格拉底整天在外与他人辩论时，家里因为穷困，一家人的生活过得比奴隶还差，然而赞西佩仍没有离开苏格拉底；当苏格拉底喝下毒药走

到生命尽头时，赞西佩亦陪伴在身旁，并告诉他："过不了多

久我就会去找你。"

可惜，大家都没有注意到这部分内容。

你会很爱一个人
却不愿和他在一起吗？

苏格拉底的婚姻是个有趣的故事，但他自己怎么看待感情，或者能给予我们什么建议呢？若你问他：你会很爱一个人，却不愿跟她在一起吗？

苏格拉底会斩钉截铁地告诉你："不可能。"他可能会问你："你真的知道你爱对方吗？如果你知道，怎么可能不想和对方在一起？"虽然人们往往认为爱情是感性的，但其中还是有理智的成分。那么是什么原因让你无法跟对方在一起呢？"我已经有一段情感，不能对现在的对象不负责任"，或是"我还没准备好，还有许多问题需要处理"。但按苏格拉底的理解，如果你真的爱对方，你会努力尝试，让爱发展下去。正因为不确定自己爱不爱对方，你才会以各种理由搪塞。当然也有可能你以为自己爱着对方，却没有认真思考如何与对方好好在一起。

苏格拉底的思考来自他最著名的理论——主知主义。这个理论强调，你的知识与实践应当一致。如果你拥有可靠的知识，就能将道德落实在生活中，因为正确的知识可以帮助你做出对的选择。苏格拉底用"知识即德行"称呼这样的选择。我们可以假设，如果有一个人犯错，很有可能是因为他得到的知识就是错的。一个从小在暴力家庭中长大的孩子，很可能会误以为暴力能解决问题，因此他待人以暴力相向，这正好证明苏格拉底的想法是对的。

有人会说，我们常在偶像剧或是电影中看见这样的桥段：我很爱你，但最终无法与你在一起，不论理由是什么。例如日本导演新海诚（Makoto Shinkai）的电影作品《云之彼端，约定的地方》（云のむこう、约束の场所），片中的女主角最后决定离开，是因为她觉得男主角过度疼爱自己，会让她失去自我。很爱对方却不能在一起的情况也常见于情歌中，但仔细想想，这可能是因为自己心里清楚，现在的对象并非灵魂伴侣，才会迟疑吧？按照苏格拉底的想法，你不可能爱一个人却不想与对方在一起，除非你根本不爱对方。也就是说，因为没有遇到真正的灵魂伴侣，所以你不想跟现在的另一半好好在一起。

最开始你就不是一个人

　　既然提到灵魂伴侣,就不得不提柏拉图《会饮篇》中提到的神话故事"圆形人类",可以解释爱情的由来。圆形人类是指在最初时,人类的本来样貌。那时人长得像球,却有着圆背、4 只胳膊与 4 条腿,还有两张相同的面孔立于同一颗头颅上,在这颗头上还有 4 个耳朵——不过这两张脸面朝相反方向。他们可以直立行走,亦可以通过 8 只手脚快速移动。

　　圆形人类具有极高的智商与强大的力量,但他们心高气傲,想要造反,对抗神明。众神明想着要怎么解决圆形人类造反的问题。圆形人类平时会向神明献祭,如果用雷电劈死他们,神明就无法再收到礼物；但若是放任不管，神明就得忍受他们的无礼。此时，宙斯告诉大家他的解决办法——将圆形人全部劈成两半，将他们变成独立的个体，如此人可以继续存在，不过他们仅能用所剩的两只脚直立行走，力量也会被大幅削弱。众神明同意后，宙斯开始将圆形人一个个劈开，成为现在人的模样，更让人低下头看到自己被切开的这一面，使其感到恐惧，以后再也不敢反抗神明。

圆形人被切成两个独立的个体，他们太过思念和另一半拥抱在一起的日子，所以急于寻找另一个人，并搂着对方的脖子，紧抱在一起不肯分开，甚至不吃不喝，什么也不做。直到其中一人死亡，便赶紧再寻找下一个。看到这种情况，宙斯对被切开一半的人类产生怜悯之心。他将人类区分为男人和女人，好让男人与女人拥抱时可通过结合繁衍后代。

恋爱就是寻找"另一半"的过程

你现在应该能了解为何你得苦苦寻觅"另一半"了吧！这"另一半"不只具有物理的意义，更是真实出现在你身边，包括柏拉图笔下，曾是你另一半的圆形人类。

因此，人类真正的幸福就是能寻觅到自己的另一半，即实现自己的爱情。你注意到了吗？爱情的概念与对整体的追求有关：我们渴望物质的身体因和另一个人结合而完整，我们也期望心灵层面在与另一半相处时获得满足。这就是灵魂伴侣的真正意义。不是只有身体的结合，还包括心灵的满足。

"柏拉图式的爱情"这个名词最早由柏拉图提出，但第一个说出这个名词的人却是文艺复兴时期的哲学家马尔西利奥·费奇诺（Marsilio Ficino）。1476年，当他写信给友人多纳蒂（Alamanno Donati）时第一次使用了这个词汇，并在日后出版的《书信集》（*Epistles*）中撰写了几封情书，向我们展示柏拉图式的爱情究竟是什么。费奇诺在与意大利诗人卡瓦尔坎蒂（Giovanni Cavalcanti）的讨论中，多次提到柏拉图式爱情的实质内容。按照费奇诺的意思，柏拉图式的爱情是指那种不依靠肉体性爱的爱情，强调纯粹精神上的友谊。换言之，费奇诺强调，柏拉图式爱情是一种无所不包的爱。

欲望与理性间的拉扯

费奇诺强调爱与性的冲突。一旦有了身体接触，我们的爱可能就一去不复返了。我们可能很想跟对方有非常亲密的结合，想要独占对方的身体与心灵。但真的占有之后呢？爱情在结合时、达到最高峰之后呢？感官被满足了，心灵却似乎没有被真正地满足。到头来，我们还是专注在感官而不是心灵层面。

费奇诺表达出柏拉图的想法，在这个现世生活，我们会特别注重感官的满足，忽略心灵层面。这跟柏拉图对灵魂的解释有关，他说灵魂有三个部分，分别是理性、精神还有欲望。理性决定了你的目标，精神回应理性的要求，但欲望却不一定认同理性的目标。欲望对物质有需求与渴望，但与感官相关。我们希望通过理性控制人生的方向，事实上却经常受到感官欲望的影响，做出不当的选择，发生"有个东西不买后悔，买了更后悔"的情况。柏拉图用双头马车的比喻表达出欲望与理性间的拉扯：一个人驾驭着由两匹马拉着的车子，其中一匹象征理性，只需通过言语训诫就可以叫它听话；另一匹性情极坏，须通过不断鞭打与惩罚才能有效操控，这正象征了我们的欲望。

两匹马自顾自地朝着想要的方向前进，给驾驶者造成了极大的痛苦。用我们这个年代的比喻来说，一台车子若有两个驾驶员，车子该开往何处呢？

为什么欲望不好？柏拉图解释，那是因为激情与欲望引导我们看见的是眼前感官与经验的世界。而这个世界不断变化，虚妄且不真实。正如每个时代的择偶条件，一直在改变，每个时代对帅哥美女的标准也在不断变化。因此人需要理性，理性能帮人做出正确决定。当一个人误以为眼前不断变化的现实为真，他就必然遭遇不幸。你看那些热恋中的情侣，还有陷溺在婚外情无法控制自己的人们，尽管在那当下，他们可以什么都不顾，最终仍必须面对残忍的现实。

为什么爱令人如此疯狂？答案可在柏拉图的解释中找到。

因为他们被情欲控制,失去了本来保有的理性。

在现实中,我们其实很难真正摆脱来自欲望的束缚,除非自己的认知被真正唤醒。

你早就忘了原来你很理性

柏拉图在《理想国》（*The Republic*）中谈到，我们看到的这个世界是假的，那个看不到的世界才是真的。

柏拉图的理论被称为"理型论"，既可说明感官知识的不可靠，又可说明为何会称那与我们心心相印的对象为"灵魂伴侣"。若在虚妄的幻觉或感官知觉中寻觅，我们挑另一半时就只会选择那些美丽的、帅气的、身材姣好的、有钱的……然而这些都只是表象，经过几年乃至数十年，就会产生巨大改变。即便你相信他人的意见，用这个作为寻找另一半的条件，但他人的经验与意见是否合适呢？确实，听取家人、亲友与同事的建议，比只靠自己的感官知觉好，因为至少有他人的意见与经验把关。可是柏拉图会劝你，这些仍是虚妄的、不真实的，会因为时间的关系发生变化。柏拉图认为，唯有进到真实世界，也就是在思想与理性世界中寻觅，寻到的另一半才会是真实的。他们或许不在乎外表，也可能不在乎家世，因为他们在寻找灵魂的伴侣。问题是，其他注重感官（外貌、家世等）的人，对这些人通常采取不友善或轻蔑的态度。

这就是我们身边的人。不论感情或婚姻，总有人认为感官的满足才是最重要的，因而才有人想要脸蛋、身材俱佳的，或身世背景显赫的。

第二章

为爱付出惨痛代价

——阿伯拉尔

男大女小不稀奇，现实生活中很多人的婚姻就是如此。中世纪哲学家阿伯拉尔曾经谈了一段男大女小的恋爱。在中世纪，这本来也不是什么问题，但因他和对方的身份，最后让整篇故事变了调。

不期而遇的爱情

阿伯拉尔是一个成名甚早且颇为自负的哲学家。他曾跟自己的老师，香浦的威廉（William of Champeaux），有过非常激烈的学术辩论——激烈到两人有段时间，只要得知对方出现在某个地方，自己就绝对不会出现在那里。最后，阿伯拉尔大获全胜，却因出言过重，让威廉颜面尽失。威廉不但被迫修正自己的学术主张，还宣布与阿伯拉尔断绝师生关系。

哲学天才少年得志，年纪轻轻就成为神学院院长，担任神学讲师，在巴黎颇负盛名。这样一位理性的哲学权威，绝对没有想到自己的人生将被一位年轻女孩爱洛依丝（Héloïse）搅得天翻地覆。他们爱得死去活来,就像那些情感(如婚外情、劈腿)难以见容于社会的情侣,他们固执地认定对方才是彼此真正的归宿,不论身边亲友如何劝告,甚至威逼利诱,都没用。这样的状况也发生在阿伯拉尔与爱洛依丝身上。尽管阿伯拉尔是天才哲学家,陷入情网后,他的自负性格仍显露无遗,最终不但害到自己,也伤害了爱洛依丝。

阿伯拉尔在其约 1132 年间撰写的自传《受难史》(*Historia Calamitatum*)中,曾提到在与爱洛依丝恋爱以前,他与所有在校内从事研究教学工作的学者一样,过着规律而平稳的生活。有一天,阿伯拉尔的同事,同时也是巴黎的神职人员富尔伯特(Fulbert)来找他帮忙,请他专门教导并栽培一位年轻有潜力的女孩。这个女孩就是爱洛依丝,她同时也是富尔伯特的侄女。富尔伯特找阿伯拉尔的原因是,他希望女孩能受到最好的教育,而当时 30 多岁的阿伯拉尔正是提供这种顶尖教育的不二人选。阿伯拉尔在与爱洛依丝相处的过程中,爱上了这个年轻的女孩——我知道你在想什么,这不符合我们现在的伦理道德!不过中世纪的社会风俗和规定与现代不太一样,因此我们也不能妄下定论。

阿伯拉尔爱上爱洛依丝后,无法满足于每周仅与她碰面几次，他希望能常常和她黏在一起。他知道富尔伯特是个贪心的家伙，就表示为了让爱洛依丝有更好的学习环境，必须让她住进自己的家里，好让他专心教导。此外，阿伯拉尔还要求富尔伯特必须多付薪水给自己，因为阿伯拉尔是校长，又要担任课程讲师，现在还得花时间教导及照顾爱洛依丝，当然富尔伯特得多付薪水给他。贪心的富尔伯特想了想，觉得这似乎挺划算的——等于请到当代最好的大师担任私人家教，如此一来，爱洛依丝不就能更深入地探索学问了吗？因此，富尔伯特答应了，不过他要求阿伯拉尔要非常严厉地教导爱洛依丝。

现在，你可以开始脑补接下来会发生的事情了，且事实上还真的发生了。按照阿伯拉尔的忏悔，当他开始教导爱洛依丝时，两人早就放弃了那些要学习的正规课程。他们常以研究学问为借口谈情说爱，并且委身给彼此。原本生活规律、严谨的阿伯拉尔，将戒律抛到了九霄云外，脑子里整天想的都是这可爱的女孩。他越来越贪心，开始厌恶研究，也厌恶自己必须要到学校上课及处理行政工作。这期间阿伯拉尔的研究算是荒废了，好在他以前足够用功，累积了一定的学术资本，足以处理每天的讲课工作。

这种状况旁人怎么可能看不出来呢？那些说服不了别人的

蹩脚借口以及不同于过往规律生活的荒腔走板,很快就让人发现这两人之间不对劲了。有人跑到富尔伯特跟前告状,富尔伯特一开始并不相信,因为他十分溺爱自己的侄女,而且觉得两人之间不会有什么特殊关系。但很快地,他必须要面对一个残酷的现实:他的宝贝侄女未婚先孕了。

爱你才不能嫁给你

爱洛依丝发现自己怀孕后，心中顶着极大的压力：两人没结婚，而且当时正值 12 世纪，社会风气十分保守。和爱洛依丝讨论后，阿伯拉尔心一横，索性将她秘密地带到自己家族的领地，并请姐姐和她住在一起，以便彼此照顾生活起居——这件事富尔伯特完全不知情。最糟的是，等到富尔伯特知道这件事时，爱洛依丝已经生下了一个儿子，并由阿伯拉尔取名为艾斯特比（Astrolabe）。富尔伯特暴跳如雷，又羞又怒！阿伯拉尔左思右想，觉得自己应该负责，于是决定娶爱洛依丝为妻。但第一个跳出来反对的，竟是爱洛依丝自己。

爱洛依丝真的很爱阿伯拉尔，正因为如此，她才决定不嫁给他。她反对这桩婚事的每个理由，都是从阿伯拉尔的角度考虑的。她觉得阿伯拉尔不应该在她身上浪费过多的时间——阿伯拉尔这么聪明，若将重心放在取悦女人上，势必会限制他未来的发展。阿伯拉尔才华横溢，未来必定无可限量。这美好的未来竟然要浪费在她一个人身上，太糟糕了！如果他们结婚了，那么在未来的日子里，阿伯拉尔为了让爱洛依丝开心，一定会减少该做的研究或学术工作，这对阿伯拉尔来说太不公平了！

爱洛依丝担心，他们现在爱得死去活来，未来的婚姻生活肯定既残酷又现实。谈恋爱阶段，他们几乎都是"有情水饮饱"；步入婚姻后，不论生活如何，他们最终都要面对两人因朝夕相处产生的各种摩擦。现在两人虽无婚约，但至少彼此相爱，因此无须进入婚姻生活，进入后，会让两人感情有生变的风险。加上阿伯拉尔是从事哲学与神学教育工作的人，婚姻既然会带给人那么多烦恼，就更不应该在繁重的研究外给他增加新的痛苦。

阿伯拉尔仍旧不接受爱洛依丝的拒婚理由，他相信自己是天才，可以同时处理很多生活琐事。爱洛依丝劝他应该维持职业的尊严，哲学家要有身为哲学家的职业自觉。更何况阿伯拉尔天生就是吃这碗饭的，他可是年纪轻轻就驳倒了自己的老师，还让老师愤而退休呢！如果就此放弃哲学工作岂不是浪费天赋吗？阿伯拉尔当然可以为了爱情放弃事业，但同时他也是个哲学家。要想被众人认可是一位思想丰富的哲学家可不容易。阿伯拉尔不仅有天分又有机会，若为爱洛依丝放弃一切，你叫那些既没有天分又没有机会的研究者情何以堪？

爱洛依丝提出的这些理由，阿伯拉尔一个也不接受。她无计可施，只能提醒他，如果真爱她，就得非常小心——富尔伯特绝对会报复他！阿伯拉尔不以为然，富尔伯特都同意自己娶爱洛依丝了。爱洛依丝了解自己的叔叔，叔叔答应得太痛快了，这背后肯定有阴谋，恐怕阿伯拉尔会有危险。她苦劝阿伯拉尔，她愿意做他的地下情人，一直等着他。这不只是为了两个人的安全，更是为了让他们的感情能够长久。如果她只是地下情人，纵使不能常常碰面，鉴于"小别胜新婚"，说不定可以让他们更加浓情蜜意。反过来说，若阿伯拉尔执意要娶自己，他过去累积的学术声誉可能会受影响，职业尊严将彻底扫地，两人的感情也将成为社会的笑柄。

爱的代价

阿伯拉尔才不会乖乖听话呢！他认为爱洛依丝已经是他的人了，还为他生了儿子，生米早已煮成熟饭，难道富尔伯特想翻脸不认人？

没错，富尔伯特确实翻脸不认人了！当他知道侄女为阿伯拉尔生下孩子时，他暂时无计可施，毕竟心爱的侄女远在男方的领地，所以当阿伯拉尔来提亲时，他只能咬牙答应。或许他心里早就在盘算，现在先假装妥协，之后再看看要怎么报复。

爱洛依丝生下孩子后，和阿伯拉尔回到巴黎秘密成婚。婚礼刚结束，新娘就被带走了。为了阿伯拉尔的名誉与职业，两人减少了独处的时间，以免被人说三道四。没想到富尔伯特到处跟人说，以至于知道他们结婚的人越来越多。爱洛依丝担心叔叔的做法会断送阿伯拉尔的前途，于是与娘家起了争执。富尔伯特大为恼火，对其施以软禁等不同的惩罚。阿伯拉尔知道后火冒三丈，趁一次碰面的机会，直接把心爱的妻子送到了离巴黎不远的阿让特伊（Argenteuil）女修道院，让她与娘家断绝往来。富尔伯特知道后，却心想：阿伯拉尔根本没有认真对待这段感情，现在他不爱爱洛依丝了，竟强迫她成为修女。这么一来，阿伯拉尔既可以摆脱婚姻，又得以维系学术前途。富尔伯特忍无可忍，他心里盘算要让阿伯拉尔付出惨痛的代价——这家伙胆敢玷污自己的侄女！于是他买通阿伯拉尔的仆人，待半夜阿伯拉尔熟睡时，请仆人开门，潜入家中将他阉割。

　　阿伯拉尔被阉割后，因为羞愧而反省了自己，并进入修道院。修道院希望他能够教导广大贫苦农民关于宗教礼仪与教义的知识。这跟他过往的工作有很大差异，但与之相比，更让阿伯拉尔头疼的是他的顶头上司，那个庸俗不堪的院长。几经努力，他终于离开这家修道院，自己开立学派教导愿意跟随他的学生，但他的离开深深地伤害了爱

洛依丝。在爱洛依丝还不清楚发生什么事情的时候，阿伯

拉尔竟然消失了，完全联系不上 —— 爱洛依丝觉得自己好

像真的被骗了！

六封书信

　　两人待在各自的修道院中，逐渐适应了平静的修道院生活。这对分开多年的夫妻本该老死不相往来。但在 1132 年前后，阿伯拉尔撰写《受难史》时，另外写了一封信给朋友菲林图斯（Philintus），以这封信代替这篇文章的前言——我们将它称为《第一封信》。阿伯拉尔借着这封信把过往做了个交代，希望他人可以从自己身上获得借鉴。

　　《第一封信》与《受难史》的内容很感人，从用字遣词上可以猜想，或许阿伯拉尔已能坦然面对这段感情，也可能已经放下了这段爱恋。他在书信中提到爱洛依丝时，已不再称她为

"我的妻子",而是用"我的姐妹"来称呼过往的爱人。这封信后来辗转传到爱洛依丝的手上。

爱洛依丝读后随即写了一封信给阿伯拉尔,这封信后来被称为《第二封信》。信中她为阿伯拉尔打抱不平,觉得他受到了许多不公平的对待,她明白阿伯拉尔的状况与想法,而且能重新看待两人之间的关系,甚至对那段风花雪月的感情释然。或许两人不是没想过要重新开始,但两人面对的困难恐怕不少于当年,于是她提出两人可以通过书信往返让情感得以交流。12世纪的中古欧洲和现代不太一样,当时人们无法用手机传讯息,也不能通过E-mail发送邮件,而是要通过信差送信,一封信可能得几个月后才能交到对方手上。爱洛依丝的决定很聪明,这个方法不仅可以重新维系双方的情感,又不至于对现在的生活产生太大的影响。

爱洛依丝告诉阿伯拉尔,他曾是自己最痛的感情,所以他现在有义务好好安慰或补偿自己,偿还这笔感情债。两个人既然没办法再以夫妻的关系聚在一块儿,那就让感情实现另一种升华吧!爱洛依丝利用这个机会,希望为修道院争取到老师。她在信中写道:

我们被称为您的姐妹们，我们也称自己为您的孩子，所以如果有可能，表现出任何表示亲密关系或亲切关怀那种共同义务，我们就应当加以表达。如果我们不知感恩，以至于不对您说出我们的感恩之情，那么这座教堂、祭坛和墙壁都将责备我们的沉默，并为我们开口说话。

收到爱洛依丝的信件后，阿伯拉尔回了一封信给她（我们称为《第三封信》）。信中他坦白地告诉爱洛依丝，他根本没想到第一封信和《受难史》会辗转到她手上。他坦言，两人当时确实为爱冲昏了头，也因此得到了惩罚。阿伯拉尔的内心充满矛盾，一方面他想与爱洛依丝保持距离，以免她受到伤害，另一方面他却又在茫茫人海中寻找她的身影。想到自己的所作所为使两人落到四面楚歌的境地，最后只能忍受失去她的痛苦——不管是生理意义上还是心理意义上。在这段痛苦的岁月中，阿伯拉尔专心研究学问，以帮助自己忘掉这些心痛的感觉，并恢复了规律的生活。阿伯拉尔一直在忏悔，自我反省，当初自己怎么会想要破坏爱洛依丝的清白？他决定，就保持现在这种微妙且恰当的距离，避免因为爱情再次逾矩。他建议爱洛依丝忘了他。他在信末告诉爱洛依丝，如果自己真的死了，记得为他哀悼,也希望她死后愿意安葬于自己身旁。

爱洛依丝收到阿伯拉尔的来信后,回了我们称为《第四封信》的书信给他。跟前面三封信温文儒雅的口吻不同,这封信不太客气,如果用现在的语气说,大概可以将其浓缩为:"是你抛弃我在先,你现在还敢拿这些理由来搪塞我?尤其是你还没死,竟敢叫我准备帮你收尸!你到底有没有考虑过我的感受?以前就在爱情上折磨我,现在还敢在情感上勒索我?对啦!我知道我的叔叔是个坏人,可是我没出卖你!我跟你站在同一阵线,因为当年我就是这么爱你,所以你最好搞清楚我对你的感情。"读者可能会想:爱洛依丝会写得这么严厉吗?但如果仔细读这封信,真的能读到这种味道:爱洛依丝希望阿伯拉尔不要放弃自己,也不要放弃治疗——这里的治疗是指宗教意义上的心灵治疗。她还是要求阿伯拉尔可以在宗教方面给予她适当的教导,并且维系两人之间的情谊。这封信的结尾是:"虽然天堂要我放弃对你的炽烈热爱,但是我的心永远无法同意这种戒律"。

阿伯拉尔收到这封信后可能在想:"糟糕,我要怎么回信才能平复爱洛依丝的怒气?"在他犹豫之际,爱洛依丝又寄了一封书信给他,这封信即为《第五封信》。爱洛依丝在信中说自己这次真的要放下了，因为她生了大病，病重到已经能看到"人间走马灯了"！那时，她把自己曾经与阿伯拉尔的情爱温习了一遍后发现，现在的自己竟然如此邪恶，跟当初那个单纯的女生不一样了。她回想起自己当初在神面前发誓，回想起自己曾经深爱着阿伯拉尔，现在却向他提出那么多不合理的要求，给他带来那么多痛苦，她觉得很抱歉。现在，她愿意放弃对阿伯拉尔的感情，让两个人的生活重回正轨。她怨叹自己再也无法享受与爱人相拥的甜蜜，但她尊重阿伯拉尔的选择——不过她很担心自己这辈子再也见不到阿伯拉尔了（事后证明她是对的）。她一方面请求阿伯拉尔可以给她与修道院内的修女们教育上的帮助，一方面鼓励阿伯拉尔坚持研究与工作。

阿伯拉尔这时可能觉得这件事终于解决了，所以回了《第六封信》给爱洛依丝。既然爱洛依丝能将自己放下，一切就好办了。阿伯拉尔要爱洛依丝不要再给他写信了——既然这段感情从一开始就是孽缘，他们就应该彻底斩断它！阿伯拉尔承认这不容易。他现在不再恨富尔伯特把他阉割了，反而觉得那是神通过这人给自己降下的惩罚，好让他不再沉溺于对爱洛依丝的眷恋。因为不论是爱情还是肉体欲望，都是腐蚀灵魂的诱惑。

所以他告诉爱洛依丝，忘了自己，投身宗教，一切都会成为过去。虽然余生可能都会在痛苦与忏悔中流泪度过，但他们走到这一步，真的已经结束了!

过强的刺激带来过大的忏悔

《第六封信》是两个人之间的最后一封书信。没多久,阿伯拉尔于 1142 年过世,爱洛依丝在 1163 或 1164 年过世。爱洛依丝过世后真的如阿伯拉尔希望般,葬在他身边。两人的遗骸被移动了不止一次,不过,即便是在如法国大革命那样的动乱年代中,两个人的遗骸仍被完整地保存下来。据说,两人的遗骸后来被搬到拉雪兹神父公墓(Père Lachaise Cemetery)里。按照传统,恋人或失恋者会在他们的墓园留下信件,以祈求自己能够顺利找到真爱。但也有人认为那仅是衣冠冢或纪念碑,阿伯拉尔虽葬在此处,但爱洛依丝的遗体早已被移至别处。

　　或许是由于阿伯拉尔曾受到过大的刺激，毕竟他的身体被切除了一部分，所以他日后不遗余力地与肉体欲望做对抗，并且花了很多时间研究人身体的欲望究竟从何而来。他告诉大家，欲望是一件非常恐怖的事，人在欲望的控制下，只能不由自主地受其指使，他曾经这样描述：

　　我们明知一个女人已经结婚，但基于她的美貌而想与她同寝。此时我们期望的不是与她行奸淫之事，而是希望她还没结婚。与之相反，有些人为了自己的名声而渴望得到那些显贵的女人，因为她们是大人物拥有的女人，如果这些女人没有结婚，他们就对其没有兴趣了。他们想与这些女性亲密不是因为对她们有兴趣，而是想要爬得更高。还有一些人，对于自己妥协于自己的邪念或邪恶意志感到非常后悔，但出于肉体的软弱，他们常被迫去想那些他们根本不愿去想的事情。

　　　　　　　　　　　——《伦理学》（*Ethics*）卷一第 3 章

　　面对这些欲望，阿伯拉尔建议我们要节制。理性可以帮助我们辨明哪些事该做，哪些事不该做——虽然在阿伯拉尔年轻时，他的理性并未发挥作用，但当他到了一定年纪后，他克制住自己对爱洛依丝的感情了。当然，他大概率是因为曾受到极大的刺激，所以在道德戒律上变得略为极端。虽说"不经一事不长一智"，但阿伯拉尔付出的代价实在是太大了。

不论在当时或现代，阿伯拉尔与爱洛依丝都是那种为了爱情可以什么都不顾的典范。两个人的感情故事在西方相当有名，曾多次被改编为戏剧或小说。有时我们会好奇，两人既然对彼此如此忠诚，尽管遭遇不幸，为何不干脆好好在一起呢？或者为何不一开始就通过比较理性的方法，跟对方长相厮守？如果阿伯拉尔足够理性，或他的理性功能有被发挥出来，或许今天我们看到的爱情故事就不会那么惊心动魄！可能在激情过后，他们体会到，真正的爱并非慷慨激昂，而是平静中过着简单规律的日子。我们也仅能猜想，如果当年他们两人未被阻止与报复，而是顺利成亲，这样的爱是否能继续维持下去？会不会跟所有对抗世界的激烈爱情一样，一旦获得，就失去了光芒？

第三章

多情的哲学家

——卢梭

　　有些人在情感中会倾心年长的对象，这个对象可能不止差个三四岁，更有可能相差十岁以上。我们对姐弟恋或许持着"青菜萝卜各有所爱"的态度，但在哲学界中确实存在着因姐弟恋而闻名的哲学家，比如卢梭。虽然我们认识他，更多是因为"天赋人权"，或是那本连康德都读到忘记出门散步的教育哲学小说《爱弥儿》（*Emile*）。

　　1712年，卢梭出生于日内瓦的新教家庭，当时的日内瓦是独立的民主共和国。在此背景下，卢梭从小就表现出了对自由的渴望。他出生没多久，母亲便过世了；父亲因牵连到一桩官司，必须离开日内瓦。因此，他在十岁时便搬至波赛尔村，并寄宿于朗拜尔西埃家。这些故事可通过他的自传（或可说是自白）《忏悔录》（*Confessions*）来理解。在自传中卢梭描述自己这一生如何深受三位女性的影响：朗拜尔西埃小姐（Miss Lambercier）、华伦夫人（Françoise-Louise de Warens），以及他的亲密爱人勒瓦瑟（Marie-Thérèse Le Vasseur）。

朗拜尔西埃小姐

  卢梭 8 岁时，曾接受 30 岁的朗拜尔西埃小姐的教导。他会因无法回答出有关学习内容的问题而羞愧，但他更害怕看到朗拜尔西埃小姐难过的神情。朗拜尔西埃小姐有时候会处罚小卢梭。对卢梭来说，她既是慈爱的母亲，也是威严的母亲。一开始，朗拜尔西埃小姐在进行处罚时，卢梭会感到害怕，但久而久之，这样的体罚却让卢梭对朗拜尔西埃小姐产生了敬慕之心。

  对年长女性有好感的倾向在卢梭搬回日内瓦时就已经形成。因着父亲的好人缘，卢梭得以结交到许多朋友。其中德·维尔松太太对他疼爱有加，她 22 岁的女儿还把比她小的卢梭当成恋人。卢梭坦承自己很喜欢这个大姐姐，但他仅敢在脑中幻想。同一段时间，他还与一个名为戈登的女孩在一起，不过这种行为比较像是为了报复维尔松 —— 卢梭发现维尔松只是将他当作自己各种风流韵事的掩护者。日后，维尔松曾专程拜访卢梭，虽说是为了办嫁妆而来，嫁的却不是卢梭。卢梭对此怀恨在心，日后碰到维尔松时，还故意掉头离开。

对卢梭影响至深的华伦夫人

卢梭在成长期间同时进行着多项工作：包括学习与法律相关的知识，或是担任工艺学徒——尤其在担任学徒期间，卢梭自称被折磨得根本无人认出他是谁。这期间他也沾染了许多连自己也厌恶的恶习。有一次卢梭外出游玩，忘记了时间，被困在城门外。他借此离开，想通过关系被引荐到一处庄园担任仆人。途中，他遇到彭维尔神父，经由神父推荐前往安纳西（Annecy）并拜会华伦夫人——这个影响他一生的女性。

华伦夫人出生于 1699 年，1726 年因生意失败与丈夫离婚，1728 年与当时还未满 20 岁的卢梭相遇。人们对华伦夫人的生活有颇多争议，包括认为她是生性放荡的女性，也是挥金如土的金主。但她藏书丰富，享受音乐，身边不乏受过良好教育的士绅名流。这样的她和卢梭相遇，为卢梭日后拥有良好的教育水平打下了基础。初遇华伦夫人时，卢梭因为担心自己无法获得青睐，特地写了一封文情并茂的书信，加上彭维尔的推荐信件，想让夫人接受他。在与华伦夫人相遇之前，他原本猜想这位夫人是个年迈的老太婆，没想到却是位风姿绰约的成熟美人——卢梭顿时对华伦夫人一见钟情。（他在《忏悔录》中甚至批驳那些不认为有一见钟情之事的人。）卢梭进入华伦夫人家后，夫人一开始先是让卢梭去意大利都灵（Turin）学习，后又让他在都灵旅游。

在旅游的过程中，卢梭结识了巴西尔女士（Madam Basile），并在她的店里工作。巴西尔女士虽然和卢梭关系亲密，却又始终与其保持距离——卢梭拿不准该如何把握两人之间的距离，加上自己对巴西尔女士颇有好感，所以不知要如何处理。最亲密的一次接触是在因缘际会下，卢梭趴在巴西尔女士的膝上撒娇并亲吻她的手。之后或许是因为担心流言蜚语，巴西尔女士对卢梭一直保持冷淡的态度，加上店里其他伙计对巴西尔先生说了一些闲言碎语，卢梭被辞退了。卢梭在《忏悔录》中对这件事的描述是："我平生第一次爱情经历就这样结束了。"

后来通过他人介绍，卢梭来到学养丰厚的维尔赛里斯伯爵夫人（Madam de Vercellis）家中担任代笔的工作，维尔赛里斯伯爵夫人身患肿瘤，无法亲自执笔。虽然两人尝试以朋友的方式理解对方，但夫人总持一定的保留态度；加上此时她身边有很多觊觎她财产的亲人，所以卢梭对夫人始终保持敬重。这期间发生过几个小插曲，卢梭曾偷拿一条女性丝巾，却诬赖给家中的女仆——卢梭在《忏悔录》中深切表达自己的懊悔，也在临死前最后一部作品《一个孤独的散步者的梦》（Reveries of the Solitary Walker）中重提此事，以表歉意。从伯爵夫人家离开后，他也曾因年轻气盛，向女性暴露身体被抓，但靠着"机智"（其实就是冷静的扯谎）安然脱身。

接下来，卢梭回到华伦夫人身边。刚开始，卢梭感到紧张，但夫人的对待却让他安下心来。华伦夫人为他安排房间，卢梭认为要开始过幸福的日子了。卢梭这么形容华伦夫人对他的影响：

如果一个人生来就富有情感，他仍可能一无所感，不曾体会过自己的生命就茫然而逝。在此之前，我差不多就是这样的人。此外，如果我永远没有认识华伦夫人，或者即便认识她却没有在她身边长久生活，没有感受到她对我的温柔情感，我恐怕永远都是这样的人。

从《忏悔录》中的细节描述，我们可以看出来，卢梭真心享受这段与华伦夫人在一起的时光。两人互相以"妈妈"和"孩子"称呼对方。尽管卢梭以"妈妈"称呼对方，但他也清楚自己对夫人的情感还包括爱慕之情。他记载与夫人间的相处，从开始时就是那种纯洁又想占有对方的姐弟恋，有着令人神往的深情。只是这样的感情，没过多久就变质了。

卢梭对华伦夫人的感情越来越强烈。他甚至会亲吻华伦夫人睡过的地方、摸过的东西。他会朗读书给华伦夫人听，也会聆听夫人讲述宫廷往事。这期间，华伦夫人持续训练卢梭写作及思考的能力，将他安排到修道院里学习——学费由华伦夫人负责。当时卢梭思念夫人，特地带着夫人教导他时用的乐谱前往修道院，以表慰藉。但这段学习经历并不顺利，修道院里的院长与教师失去教导卢梭学习的耐心，把他送回夫人家。不死心的华伦夫人又再次将他送去学音乐，这次他的学习终于有进步了。

这期间发生了一个插曲：华伦夫人为了谋求政治势力的帮助，暂时离开都灵，前往巴黎，此时在宅中打理的是夫人的贴身女仆——比卢梭略长的默尔塞赫。卢梭先和默尔塞赫交往，尔后还跟她的朋友及其他多位女性有所来往。不过卢梭坚定地认为，他心中爱着的仍是华伦夫人。他曾专程前往巴黎寻找夫人——不巧，在他抵达巴黎的前两个月，夫人已经离开了。几经波折，两人不但重逢了，卢梭甚至得到为国王工作的机会。此时是 1732 年，卢梭与华伦夫人的关系也发生了变化。卢梭以隐晦的方式对华伦夫人表达，两人间的关系应该更进一步。没多久，两人的关系就真的"更进一步"了！

在与华伦夫人朝夕相处了一段时间之后，卢梭发现华伦夫人心中有各种赚钱的计划，但大多是纸上谈兵。有许多人因为知道她的计划特意前来拜访——卢梭认为这些人不过是来骗吃骗喝的。为此，他与夫人之间渐行渐远，即便表面上仍表现得十分亲密，内心的不快却日渐积累。后卢梭积劳成疾，身体出了状况，夫人却用自己独特的宗教理念鼓舞卢梭，然而两人的差异仍越来越明显。

为了帮卢梭养病，两人暂时搬至乡间，这期间两人的感情回温，卢梭也曾在书中描述这段亲密时光。通常他比华伦夫人早起，外出散步回来后，若夫人起床了，他会到床上向夫人撒娇，不然就是让夫人继续睡；早餐在愉悦的交谈中度过；之后，卢梭便开始大量阅读；午后，卢梭则和华伦夫人共同享受田园时光。

离别华伦夫人

　　乡村养病不仅没有让卢梭健康起来，反而让他的身体状况变得更糟。有人提及蒙佩利尔（Montpellier）的医师可以为卢梭治病，所以卢梭带着华伦夫人的期待出发，希望获得医治。旅行途中，卢梭与拉尔纳日夫人（Madam de Larnage）有过短暂的恋情。这期间，卢梭也曾因为收到华伦夫人的来信，对自己寻欢作乐的行为感到内疚。拉尔纳日夫人甚至还想把自己的女儿介绍给卢梭，但卢梭一想到华伦夫人对自己的付出，想到家里的负债，心里就觉得亏欠华伦夫人。他决定不再停留在拉尔纳日夫人身边，并暗暗立志要专情于华伦夫人——可惜当他回来后，发现自己的地位已被另一个年轻人取代。这个年轻人对农业在行，即使他只是为求表现热心勤快而已，但对华伦夫人来说，他可比卢梭更具吸引力。华伦夫人认为卢梭不太会做家务，亦时常出外旅行，因此想让这个年轻人取代卢梭的地位。卢梭写下非常愤怒的话："她就好像一个情欲强烈的女人，急于填补心中的空虚。"两人的分歧严重起来，卢梭认为华伦夫人误解他，华伦夫人又只是将卢梭看作孩子。卢梭虽然仍将华伦夫人的幸福视为第一要务，同时也发现自己只能将她当作妈妈，而不是爱人——卢梭自己写道："从这一刻起，我就只用真正儿子的目光注视我所深爱的妈妈。"后来，卢梭下定决心前往巴黎——这次，他是真的要离开了。

我们在此先交代这对姐弟恋情侣之后的发展。卢梭在成名后，曾经与华伦夫人有过书信往来，并在 1754 年带着那时的爱人勒瓦瑟与华伦夫人重逢。卢梭其实是个重情重义的人，毕竟华伦夫人曾有恩于自己，那次重逢，他和勒瓦瑟表示愿意供养华伦夫人，不过遭到了华伦夫人的拒绝。华伦夫人已不复当年风采，她承受着巨大的经济压力，虽保有国家所给的年金，但一毛钱也未到她手上。华伦夫人于 1762 年过世，一如卢梭预测的，她是在贫困中离世的。但卢梭直到 1768 年才得知这件事，并给出"华伦夫人其实是离苦得乐"这样的评语。对卢梭来说，华伦夫人对他的影响是一辈子的。在她的资助下，卢梭才能顺利获得教育，得到高深的学问。只可惜华伦夫人日后的冷淡伤透了卢梭的心，让他决定走上不同的人生道路。

陪伴卢梭终老的勒瓦瑟

华伦夫人带来的情伤并不能阻止卢梭在爱情上的追求。1745 年,卢梭开始新的感情生活,这次他的恋爱对象不再是比他年长的女性。

当时,卢梭 33 岁,他在巴黎开始与 24 岁的勒瓦瑟交往。勒瓦瑟出生于 1721 年,是个女仆。与她相遇时,勒瓦瑟在卢梭住宿的旅店负责洗衣,其父母原本担任政府公职并且经商,后来遭政府逼迫,家庭被整肃,才搬至巴黎谋生。卢梭与她日久生情,一开始卢梭并未想与这个女子结婚,后来卢梭发现自己需要一段感情替代对华伦夫人的思念,再加上他觉得自己有了勒瓦瑟能获得暂时的幸福，两人便走到了一起。

卢梭对这个与他相伴 30 多年的伴侣毁誉参半——卢梭曾想培养勒瓦瑟的阅读能力，但即便勒瓦瑟看得懂字，也会写，却始终不喜欢读书；卢梭嫌弃她对数字生疏，无法判读钟表上的时间刻度。总之，这个女人对财富或钱财毫无概念，思想与观念狭隘，外表既呆板又蠢。但这个让卢梭嫌弃的女人，同时也是他笔下那位能提出好建议，甚至能将他从盲目困境中救出的另一半。在王公贵族面前，勒瓦瑟的谈吐与态度总能赢得极佳的风评。卢梭对勒瓦瑟的态度，我们不妨视为老夫老妻间的抱怨吧。许多老伴会抱怨自己的另一半一无是处，却始终和对方扶持到老，这就是卢梭与勒瓦瑟的状况。虽有抱怨，但他对勒瓦瑟还是带有敬意的。虽有敬意，但他仍在《忏悔录》中指责勒瓦瑟（与岳母）不给他一家之主的权力或尊重。卢梭最终不曾离开勒瓦瑟，勒瓦瑟亦在 1746 至 1752 年间为他生了 5 个孩子。虽然卢梭没有离开，但两人的感情又不似浪漫的爱情，尤其和华伦夫人相比更是如此。前面提到 1754 年那次和华伦夫人的重逢，卢梭特地请勒瓦瑟带些钱去。当时华伦夫人仅剩下手上的戒指，却仍要将它摘下来送给勒瓦瑟，不过勒瓦瑟将其退还了。

　　若说卢梭与勒瓦瑟在感情上有什么问题,问题就出在勒瓦瑟的母亲身上。这个岳母总是对自己的女儿指指点点,或是教导女儿不正确的夫妻相处之道:像是不跟卢梭说实话,甚至在卢梭的朋友面前适时挑拨离间,等等。卢梭认为,正是自己的岳母一直在破坏他们夫妻间的纯朴关系。勒瓦瑟的母亲接受卢梭的接济后,又将亲人带过来——卢梭对于这些亲戚评价都不高。勒瓦瑟自然是接纳母亲的,卢梭也秉持"只要勒瓦瑟好自己就满足"的心态。但是他却对这个岳母越发无法忍受:她收受外人礼物,甚至想要联合外人把勒瓦瑟带走。勒瓦瑟虽没有同意,却也为母亲保守秘密,以致日后卢梭知道后非常不满。

　　卢梭与勒瓦瑟之间的情感在 1768 年有了正式的结果。卢梭此时来到布尔关雅利厄(Bourgoin)居住,也是在这一年两人举办了简朴的结婚仪式,没有豪华婚礼,仅有两位证人在旁见证。1770 年,夫妇二人搬回巴黎,这期间卢梭友人们对勒瓦瑟的控制欲望不敢苟同,给了她相当负面的评价。1778 年,卢梭生了重病。那年 5 月,他前往埃尔芒翁维尔(Ermenonville),接受吉拉尔丹伯爵(Marquis de Girardin)的招待,不过仅待到 7 月就过世了。勒瓦瑟虽然住在那里,但 1779 年就花光积蓄而被迫离开(此点颇符合卢梭对她没有钱财管理概念的描述，果然老夫老妻了解彼此）。同年 11 月，勒瓦瑟改嫁给吉拉尔丹伯爵的仆人。由于经济困顿，她出售卢梭的手稿换钱。勒瓦瑟改嫁后一直过着穷困的生活，即便每年能领取各样津贴或稿费，仍入不敷出，并且她还有严重的酗酒问题。勒瓦瑟于 1801 年过世。

卢梭的忏悔与教育主张

卢梭确实是个多情的人。虽然《忏悔录》的真正重点在讲述他的一生,他也以坦白的态度面对自己的过错,但从中我们会发现里面有各种与情欲相关的描写,以及爱情故事——这些描述偏向隐晦,若以直白的方式说出来,情节的曲折与离奇程度堪比情欲小说。以下将各卷提到的爱恋对象列表如下:

卷一:朗拜尔西埃小姐、德·维尔松夫人 22 岁的女儿(嫁人后被称为克里斯丹夫人)、戈登小姐。

卷二:华伦夫人(从卷二至六中反复提及)、工作地点的巴西尔太太。

卷三：工作地点的布莱耶小姐。

卷四：家中女仆默尔塞赫、默尔塞赫的友人吉罗女仆、格拉芬丽小姐、嘉莉小姐。

卷五：拉尔太太（华伦夫人判断此人对卢梭有不良动机）。

卷六：拉尔纳日夫人、马里布夫人。

卷七：赛尔小姐、杜宾夫人、卡塔尼奥、在威尼斯时因缘际会寻花问柳的潘多阿娜及朱莉达、勒瓦瑟。

卷八：一次寻欢问柳的经验（卢梭说是最后一次）。

卷九：乌德拖夫人。

卷十：韦尔德兰夫人、布弗勒夫人（国王的情妇，卢梭与她差点发生"事情"）。

你可能心里在想，等一下，这是在开玩笑吗？同时间跟好几位女性周旋调情，这些林林总总的爱恋对象丰富了他的人生，却也让他吃足了苦头。也是在这样的背景下，他的著作内容丰富并震撼了那个时代。尤其是《爱弥儿》这部教育小说，我们从中仿佛能看到他理想的成长缩影。

卢梭的精彩人生可能与他对人的观念有关。卢梭认为"人

是理性的，人性是善良的。但人惨遭社会制度败坏而失去本
真"，这种主张可以在《爱弥儿》这本小说中看到。在这本讨
论教育观念的小说中，我们仿佛可以看见一步步成长的卢梭。
小说描述一个孩子应该在什么样的境况中被抚养长大，才能真
正成为对社会与国家有所贡献的人。卢梭心目中理想的孩童成
长过程应该是这样的：

　　12 岁以前的爱弥儿，应该成长在充满自然的环境内，通
过自己的感官充分学习各种人、事、物，并累积经验。在这期
间，父母不要摆出一副"别输在起跑点上"的态度，而是应该
用开放的态度让爱弥儿慢慢学习。在这期间，父母也别强迫孩
子读书写字，甚至不要把自己的观念强加在孩子身上。父母的
工作是陪伴，且在陪伴中观察孩子的需要以便理解每个孩子天
生的特质。有人会认为，这样孩童不就会缺乏教训了吗？卢梭
认为这正是孩子的天性，通过这种天性，通过对自然的学习，
孩子们会注意到自己的不足，才会有动力加以学习并修正个
性。这种自然的成长过程与父母的陪伴，才是孩童成长过程中
最重要的学习动力。

　　12 岁到 15 岁之间，大人不应该给孩子太多与哲理相关的

教育，也不要强逼他们服从权威。在这期间，爱弥儿应该通过亲身学习，培养品味与兴趣，以便产生独立自主的判断能力。如果可以，最好让孩子学习适合性别、年龄且符合兴趣的手工艺能力。

在爱弥儿15至20岁的时期，我们所谓的社会教育才正式开始。进入青少年时期的孩子等于一只脚跨入社会中。因为他有丰富的情感与生命力，所以应当尽力感受各种情感层面，包括友谊、仁慈、慷慨等等，如此一来，他以后就能对别人感同身受。

当爱弥儿20岁了，他需要面对婚姻与情感。卢梭在此让女主角苏菲（Sohpie）登场，并说明两性的关系。卢梭的主张是，虽然作为一个人是平等的，但男女确实有彼此差异性的特质。当爱弥儿与苏菲相处时，两人应该协调互补，建立适合下一代的家庭。

以上内容大概是《爱弥儿》这本小说所描述的理想教育主张。

1783年，卢梭过世后，这本小说出现了续篇。女主角苏菲不忠，送给爱弥儿一顶绿帽子。爱弥儿一开始非常愤恨，大骂苏菲是个不要脸的女人。但当爱弥儿情绪平复后，却回过头来责怪自己当初为何把苏菲带去充满诱惑的地方。两人最终还是走上了不同的道路。这个续集其实并不完整，我们也不确定卢梭过世前是否有完成的打算。无论如何，卢梭留给读者的，是一个心痛却又实际的婚姻破裂故事。

你接受姐弟恋吗？

爱弥儿的故事与卢梭的情感生活或许息息相关。我们从中有似曾相识的感受，因为不论是华伦夫人或是勒瓦瑟，最后带给他的感受似乎多为不幸或痛苦。或许这正是婚姻及情感的事实，除了幸福甜蜜外，总会有不幸在。我们回头看爱弥儿的发展，他的成长历程被认为是教育哲学中重要的范例之一。我们也可以从爱弥儿身上看到卢梭自己的影子：他也曾是天真无邪的孩子，最后却必须面对自身的欲望。卢梭在不断学习的过程中找到自己成长的方向，成为影响法国发展的重要人物，留下对后世影响颇大的诸多学说和理论。但是当我们从现代的角度来看卢梭，一位男性和比自己年长的女性在一起并不是什么大不了的事。过去，许多哲学家或心理学家会尝试寻找男性会爱恋比自己年长女性的原因。或许弗洛伊德的理论最为简单——单纯就是恋母情结罢了！但这种恋爱的情感真的仅是靠力比多①这种生理因素就能解释的吗？

在卢梭的成长教育中，或许正因为他接触的都是年长女性，所以他对年长女性有较多情愫——当然这也可能是他在为自己找借口。但我们还是要注意卢梭所在的社会环境，因为社会环境确实会影响我们对情感的选择。如果是你呢？当你爱上比自己年长的女性，或当你想要和年纪比你小的男生作伴，我们是否愿意因为爱而理性地接受对方身上的一切呢？还是会在蜜月期过后发现无法面对自己真实的感情？

---

① 力比多（Libido）：泛指一切身体器官的快感。是弗洛伊德理论中一个十分重要的概述，用以专门表述本能。

第四章

终身未娶的大师

——康德

　　现代社会的结婚条件越设越高，而恋爱门槛却越降越低，许多情侣开始以同居取代婚姻，即住在一起，享受婚姻之实却无婚姻之名的生活。多年前，如果有人提到同居，可能会有不少人露出嫌恶的神情，仿佛这是什么天大的罪恶一般；时至今日，同居早已被人接受，作为婚姻之外的另一种可能——我们也常在各种节目里看到来宾们描述同居美好的一面。

　　关于"未婚同居"，哲学家是怎么看的呢？接下来我们要讲的这位哲学家认为婚姻是一种非常严肃的约定，并认为婚姻以外的结合非常糟糕，包括同居在内，他就是著名的大哲学家康德。

爱而不得，以至单身终老

康德终身未婚，而且在情路上受到重创。他一生有许多感情上的逸闻趣事，不过孰真孰假，我们难以明辨。如果你打开任何一本哲学史，这些书在讨论康德的哲学时，大概会把所有的重点放在他的哲学成就上。毕竟他可是凭借一己之力将知识论这个哲学领域的讨论重心翻转过来；如果讲到康德与婚姻，大部分的重点则会放在婚姻为什么是社会与法律最重要的产物之一。而康德本人的情感故事却少有人讨论，仿佛他就是一台理性的哲学机器，没有太多人类的感情。

说真的，如果你是第一次打开康德的书看，你大概会被里面严谨的咬文嚼字给震撼住。当你打开他最著名的代表作《纯粹理性批判》(*Critique of Pure Reason*),序言的第一段写着:"人类理性具有此种特殊运命,即在其所有知识之一门类中,为种种问题所困,此等问题以其为理性自身之本质所加之于其自身者,故不能置之不顾,但又因其超越理性所有之一切能力,故又不能解答之也。"此时你的脸上可能会出现三条线,因为你无法理解他讲的到底是什么,所以大部分研究康德哲学的人都会觉得这个哲学家的个性极为严肃,用字严谨艰涩,让人无法亲近。即便是阅读康德哲学原作的中文版,也可以感觉到,在译为中文后,将每个字词拆开都能看得懂,组合起来却不知所云。加上他最著名的传闻,就是每天于固定时间出门散步,准时到左邻右舍探望,这一切都加深了康德就是个枯燥乏味的哲学家的印象。

但是,这些印象和现实生活中的康德有着极大的反差。他的生活准确来说是规律、多彩。他享受着自己的生活,和朋友打牌、看剧、听音乐会以及一起用餐。他喜欢美食,享受美酒,据说他的烹饪技术好到可以出版食谱。他在哥尼斯堡更是个社交达人,风度优雅且谈话幽默,只要出现在社交场合就会成为众人的焦点。不过这一切并非因为他的外貌——据说他个子不高，身材稍显瘦弱——而是因为丰富的学问涵养。他的学问极佳，使他不仅成为社交圈的名人，也成为凯瑟琳伯爵夫人（Countess Caroline von Keyserling，1727—1791）文学沙龙的座上宾。此文学沙龙成立于 1755 年，之后更是成为东普鲁士的文化中心，能成为座上宾的绝非等闲之辈，全都是各领域的佼佼者。其成立者凯瑟琳伯爵夫人本身就是位才华横溢的艺术家，而且在科学领域中展露出过人的天分，出版过与科学研究相关的作品。

凯瑟琳伯爵夫人的名字后来成为康德一生的痛，据野史记载，康德暗恋伯爵夫人。虽然他是个花花公子，身边总有各种不同的女性环绕，但他总保持情感上的空白。一开始，康德担任伯爵夫人儿子的家庭教师，此时的夫人虽中年丧偶，却仍保持着优雅的仪态与风范。两个富有天分且情投意合的名人，传出暧昧情愫并不令人意外。但两人却不曾越线，因为康德是一介平民，凯瑟琳不但贵为伯爵夫人，更是名门之后。1763 年，凯瑟琳改嫁给另一位贵族后，康德伤心地辞去家庭教师的工作，直到他过世，都不曾再和其他女性建立亲密关系。或许凯瑟琳伯爵夫人也对康德抱有好感，且内心思念着这位真正吸引着她的才子，因为在夫人的沙龙内，就在她自己的座位旁边，总为康德留着一个空位。

这些故事或许是真的 —— 如此就可以解释为何后来康德没有与任何女性在一起，因为没有人能够取代他心中的真爱。至于其他与康德相关的爱情故事或轶闻，可能都只是穿凿附会之说。据说，有人问他"为何独身未婚"，他回答，当他需要女人时无力供养，当他有能力供养时却不再需要女人。但也有人认为，康德可能在性方面自卑，所以不愿结婚，不近女色，甚至在家中，他将与婚姻相关的字词列为禁忌。这些无法证实的轶事中还包括康德有两次差点结婚：第一次他想娶一位寡妇为妻，但精算收入开销后将婚事一延再延，直到这位寡妇改嫁他人；第二次则是他在陪伴一位年轻女孩四处游玩后，爱上了对方，但在他犹豫不决时，这个女孩离开了他。

这些故事已无法证明是真是假。或许康德是个在情感上受伤的凡人，但在婚姻的研究与讨论上，他却为后世立下标杆，他定下的基础原则让我们得以实际应用于当代情感的议题内。

康德对道德的评判

康德给人严肃的感觉，可能与他提出的伦理学主张有关。通常我们接受"我们应该要有道德感"的要求，是因为道德能为我们带来好处，像是"你应该诚实，这样大家才会喜欢你"，或"你应该帮助别人，这样人家才会帮助你"——虽然结果可能跟我们想的不一样；我们其实不喜欢表面诚实的人；而热心助人的人帮助别人的时候也容易被别人利用。

如果真是这样，为什么我们还要做一个有道德感的人呢？倘若遇上"好心没好报"的情况时，还要继续如此行事吗？虽然大多数人会选择停止，但康德却给了我们一个奇妙的答案，继续行善——那是你应该做的。既然你是一个有理性的人，就更应当做个有道德感的人。如果你是一个有道德感的人，那么无论结果如何，我们都不该苛责他人，只要他人的动机是善良的，就值得鼓励与支持。你可以想象一下，父亲计划在礼拜六早上带全家人出去玩，没想到车才开出巷口，就被横冲直撞的另一台车撞上，导致全家受伤。在这个例证中，我们不会责怪父亲"没事干吗带全家出去玩啊"，反而是为结果忧伤，并认为自家倒霉。因为父亲的动机是好的，不幸的后果并非他所期望的，所以我们不会责怪他的行为。

康德认为道德与义务之间有非常严格的关系。有时候我们会希望通过不好的手段以达到良好的结果，例如说善意的谎言。康德认为，手段不好，即便结果是好的，仍是不道德。再者，即使因为可以得到很好的结果，才想做有道德的人，康德认为这种先考虑结果的想法也不道德。即便你原本就很喜欢道德，天生觉得没有道德的人会浑身不舒服，因此去做有道德的事情，康德还是认为你的行为可能没有道德价值。用康德的话来说就是："有道德价值的行为必须是因义务而为。"不论结果如何，只有当你的行为是因道德义务去做，这时候康德才会认为你的行为值得称赞。

很难理解吗？还好康德举出 4 种状况告诉我们他到底在说什么。按照康德的想法，人的行为有 4 种可能性。第一种是违反道德义务的行为。按照康德严格的要求，不管你喜欢或不喜欢，这种行为一定不好。例如一个故意玩弄他人感情的人，不论他的目的为何（可能是为了报复，也可能是因为他就是喜欢玩弄别人的情感），伤害他人心灵与情感这件事通常都会被认为是违反我们作为一个人的义务，所以这样的行为不具有道德价值。

第二种是行为和道德义务一致，但你对做这个行为没有什么特别的喜好。康德认为，这时候就要看你的动机，才能判断你的行为有没有道德价值。深夜时，在没有车经过的街口，若你遇到红灯，你会为了节省时间闯过去吗？如果你认为这本来就应当遵守，你的行为就具有道德价值；但如果你不愿意闯红灯，是因为你发现路口有警察站岗，你害怕被开罚单不敢开车，这样的行为也不具有道德价值。

第三种是行为和道德义务一致，而且你很喜欢这样的行为——就是我们上面提到的那种"你本来就很喜欢道德，天生觉得不当个有道德的人会不舒服，所以你做道德的事情"的状况。例如，有的人因为喜欢帮助人（的感觉），所以选择当志愿者。问题是,我们无法确定他帮助别人时,究竟是因为他很喜欢那样的感觉,还是因为他发现帮助别人原来是他的义务。这很难判断,所以康德认为还是要探究动机后再加以判断——虽然说真的,可能喜欢的成分远大于义务的关系,康德也可能认为你的行为不具有道德价值。

第四种行为是康德认为"真正具有道德价值的行为",虽然看完你可能会充满困惑。有一些行为和道德义务一致,你压根不想去做,如果这时候你去做了,康德会称赞你的行为具有道德价值。例如另一半外遇,我们通常会想让全世界知道他的恶行恶状;或是未来遇到更好的对象时,我们也会期望遇到前任伴侣时能在他面前炫耀。但这样的报复并不符合道德价值,所以,如果一个人在可以报复时放弃,即便这个人心里很痛苦,他的行为仍然符合道德价值。

康德比你想得还要严肃

看到这里，你可能会觉得：康德有点太夸张了！确实，康德在伦理学上面的思考比你想得还要严肃。但他如此强调动机，其实出于很实际的理由——你有可能做出符合道德义务的事情，却是被迫去进行的。例如古时被迫嫁入豪门的小妾，尽管她表现出对富豪的深情，却可能是因为家人被要挟或想要还债。从婚姻的角度来看，小妾表现出所有符合婚姻的义务规范，但仍非基于真正的爱情。如果某人跟另一个人在一起，是为了对方的钱财或自己能过上富裕的生活，那么即便他能表现出所有情感婚姻内的义务行为，基于动机不纯正，我们也无法认同这样的爱情。这就是康德的主张。一个人的行为必须在动机上是良善的，而且符合道德义务，这样的行为才具有道德价值。康德就是如此严谨。当他考虑婚姻时，更是如此，他会拿出极为严格的态度来面对人生大事。我们在前面谈论过，因为他严谨的思考断送了两段姻缘。现在他要用同样的严谨态度来要求我们了！

康德赋予婚姻及家庭极高的价值，认为那是人类社会中最重要的基础。因为婚姻中非常重要的事情之一，就是性方面的结合。两个人应该在合法且互相喜爱的前提下，在性上面取悦对方。也因为有如此严谨的结合，所以两个人结婚的前提应是互相平等，如此一来，两个人在财产的分配与使用上才能拥有公平的关系。为此，康德认为只有一夫一妻才能实现真正的婚姻——康德反对合法婚姻以外的所有婚姻或性事。如果是一夫多妻，妻子只能分到丈夫所有财产的一部分——不论这一部分有多大，对妻子来说都是不公平的。两人在法律上不平等，对于财产权利的处置亦不会公正，所以康德反对。

康德考虑到家庭生活中总有各式各样的困难，所以即便他强调婚姻中的平等，却仍允许在特殊状态下，家庭中可以有不平等的状况发生，不过仅限于保护家庭的情况。这个时候，丈夫可以把自己当作是发号施令者，妻子与孩子都必须乖乖听话。康德认为，这种状况比较特殊，是为了维护家庭才存在的。因为婚姻、家庭都可以被视为一种特殊的契约，这个契约要求夫妻共同生活，共同经营这段关系。当两个人决定要一起生活，也就是要缔结这个契约时，他们应该充分意识到自己的身份，且愿意一起生活下去。想要维持这种生活，会产生很多的要求、义务与责任。

我不结婚总可以了吧?

既然康德对婚姻抱着这么高的要求,或许有人会认为,那我还是不要结婚了吧!我们选择同居即可,至少还是可以跟所爱的人在一起,这样总行了吧!你猜猜,康德一向这么严肃地看待婚姻,那么他会怎么看同居这种不符合"平等契约"的结合方式呢?

我们可以从康德的原则来看待同居这件事。首先,如果你想同居,你会期望每一个处在相同情境下的人都跟心爱的人同居吗?你可能会说:"有什么不可以的!处于跟我一样境况内的人都应如此。"在这里先暂停一下,我们应注意一些问题,如果听到"同居"二字，我们脑海中浮现的就只是两个相爱的人住在一起，享受夫妻之实而无夫妻之名，我们对同居的理解可能就有失偏颇。

我们进一步假设，全世界有理性的人在思考婚姻与家庭的严肃性时，均考虑过现实环境的严酷 [中国台湾政府的"主计处"曾公布过一组数据，在台湾办一次婚礼的平均花费为 75 万台币（约合人民币 17 万），可以买一辆车了]，同意并且接受同居是合理的选择。但是你如何看待和你住在一起的另一半呢？康德主张，我们对人必须要有足够的尊重，不能将人当成工具。

在效益主义的经典案例"电车难题"中，不论你选择电车撞向哪一边都会使另一边失去生命，所以人们通常倾向选择牺牲人数较少的那一边。但在康德的看法中，牺牲任何一方来换取另一方的存活，都是将人当成工具使用，这种选择带着不道德的预设。既然你是理性的道德个体，就应该凭借理性与道德，给予身边的人尊重，既不利用他们，也不视他们为工具。如果是这样，那么同居时，对方对你而言究竟是工具还是手段？大部分人都会说："正因为我们深爱对方又暂时无法结婚，才选择同居。"但是这样的回答真的能够排除我们把对方视为工具或手段的情况吗?尤其当你有情感慰藉或性爱的需求时,或是因为和对方同居而想炫耀时。只要带有一点将对方视为工具或手段的可能,我们就会违反了康德的想法,也让同居失去了道德的价值。

你为什么想要同居？

对康德来说，若伦理具有普遍性的要求（他相信只要是理性受造物，像是人类，都受道德约束）与必然性的要求（所有受造物都依据某种固定方式行动），那么必须对婚姻严肃而且有高道德的要求。尽管康德伦理学的结论部分让人感到疑惑——例如他认为那些和道德义务一致，却违反当事人喜好的行为，通常具有极高的道德价值。像是重症中的病患选择不自杀而承受巨大病痛——虽然康德伦理学不容易让人们认同，但在这里，我们却可以通过他的伦理学理论问自己：你为什么想要同居？

　　我们对这个问题的回答或许不需要拉高到道德规范的层级，而是扪心自问：我真的没有把对方当成工具或手段吗？不论是自己生理上的、心理上的满足。或许这可以成为选择同居的重要思考点之一。不论在情感或婚姻上，我们都要将对方当成一个完整的个体，一个理性的存在者，从而和对方携手努力。或者从自己是理性的存在者角度来思考：我真的能够承担同居分离时的痛苦吗？（大部分人会嘴硬说可以，但有多少人真的可以？）康德义务论伦理学确实过于严肃，甚至不近人情，但既然我们都知道感情或婚姻不是儿戏，严肃一点，对双方都好。

第五章

深爱对方，却主动放手

——克尔凯郭尔

对克尔凯郭尔（Søren Kierkegaard）的爱情故事，我们可以如此描述："因为我深爱你，所以无法跟你在一起；因为我对你的爱，使我无法再爱你。"如果只看这句话，你大概会觉得他就是个"渣男"。但若我们将几件事情与这话联系在一起——他因家族悲剧产生的人生省思，还有因为思及自己需要，接受来自家族诅咒的惩罚而带出对他人的恐惧及责任——就能理解为何他一生只钟爱一个女人，最后却必须放手让那个女人离开。克尔凯郭尔太爱这个女人了，所以不能让自己的爱害了她。

悬疑小说般的开场

1813 年，克尔凯郭尔出生在哥本哈根一个富裕的家庭。母亲原是女仆，后来嫁给克尔凯郭尔的父亲 —— 这已是父亲的第二段婚姻。除父母外，家中有七位兄弟姐妹，克尔凯郭尔是最小的。当时哥本哈根的人以基督教为国教，一出生即自动成为基督徒。克尔凯郭尔在此背景下以成为神职人员为人生志向，接受家中栽培，从小学习哲学与文学。到 1838 年，他的父亲过世时，家族仅剩下克尔凯郭尔与大哥彼得两人。他们家原本一共 9 人，但一个接着一个过世，父亲是第 7 位！这种悬疑小说般的设定，背后藏着家族的秘辛。

　　根据克尔凯郭尔名为《大地震》的手稿，加上当时的传闻及后世学者的研究，克尔凯郭尔人生的大地震可能与家族的秘密有关。父亲在第一任妻子病重时，因一时情欲占有了当时还是女仆的母亲。父亲发现母亲怀孕，加上第一任妻子离世，遂决意续弦（作为补偿与遮羞布）。克尔凯郭尔认为，神在震怒下给父亲与这个家惩罚：父亲必须亲眼看见家人不断离世。克尔凯郭尔认为即使父亲走后，自己仍须面对这种报应——此点影响了他面对与心爱的未婚妻雷吉娜（Regine Olsen）的感情。除了这件事，另一个深刻影响到克尔凯郭尔的，是他在 20 岁那年因一时兴起前往窑户寻欢——多年后，他在日记里重提此事。不过当时他似乎还不清楚家族的秘密。等到日后得知父亲的秘密，且将秘密与自己夜探窑户相连时，克尔凯郭尔对自己的谴责变得更加强烈。

　　除了内心的煎熬，克尔凯郭尔对自己的长相可能也有些自卑。他在日记里是这样形容自己的：头发蓬松，身材纤细，双腿瘦弱，时常因思考而驼背。为了让自己在哲学表达意见上更为有力，他除了以自己的本名写书外，还以笔名 Johannes Climacus 写作，通过不同的名字发起文章争论，形成左手打右手的景况。这个做法让他在 1845 年到 1846 年间卷入一场

笔战：笔战起始于《海盗》(*The Corsair*）杂志总编莫勒尔
（Peder Ludvig Møller）的文章。莫勒尔认为虽然克尔凯郭尔
富有才能，但他怀疑克尔凯郭尔是否有能力写出好书。克尔凯
郭尔被激怒了，撰写两篇文章回击：一篇攻击莫勒尔人格卑劣，
另一篇大骂《海盗》是不入流的八卦杂志。克尔凯郭尔挑明，
莫勒尔攻击他只是为了迎合哥本哈根的读者。莫勒尔手下另一
位编辑戈登施密特（MeïrAron Goldschmidt）也非常生气，接
连几个月发动一系列针对克尔凯郭尔的攻击——嘲讽他的外
形、说话的声音，甚至是他的生活习惯（幸亏当时没有电视，
否则戈登施密特可能会天天上谈话性节目当"名嘴"，拿克尔
凯郭尔开讲）。克尔凯郭尔在日记里写下这些事情，甚至还考
虑如何和莫勒尔等人和解。

不论这件事本身结果如何，都对克尔凯郭尔产生了巨大
影响。他认为当自己"讽刺性地跃入《海盗》杂志及论争时，
就显明这本杂志背后并无值得尊崇的理念"。不过杂志社很
开心，他们因此增加了两三千位订户。克尔凯郭尔不客气地
说，这件事如此具有讽刺性，但杂志却连什么是讽刺都不懂。
他更在日记中痛苦地写道，《海盗》抓住每一个可以攻击他
的机会，连他去拜访某人都可以被挖出来大做文章，造成朋

友的尴尬，让朋友对他感到愤怒。从我们现在的角度来说，
克尔凯郭尔或许会被当作一个搞笑表情包，适用在任何嘲笑
人的场合中。

克尔凯郭尔纠结的爱

在这些痛苦事件的背后，还有一个缠绕克尔凯郭尔一生的恋人，就是他唯一爱过的女人，那位他深爱却又无法在一起的雷吉娜。

1837 年，雷吉娜 16 岁，她在友人家中首次遇到克尔凯郭尔，并被他深深吸引。日后一次相逢的场合，克尔凯郭尔对雷吉娜身上那种纯洁、幸福感到飘飘然。之后，克尔凯郭尔便对雷吉娜展开追求，并在三年后正式与雷吉娜订婚。

订婚初始，两人幸福且甜蜜。克尔凯郭尔认为雷吉娜是他最亲密的爱人与朋友，甚至每星期都会专门为她朗读教会主教的讲道内容。幸福之余，克尔凯郭尔开始担心自己是否真能承担起做丈夫应有的责任，于是他和许多男人一样，用大量的工作逃避现实，全心投入学习，并用大量时间准备毕业论文。雷吉娜向克尔凯郭尔抱怨，该不会是认为未婚妻到手了就不想再多花时间在她身上吧？雷吉娜的抱怨伤害了克尔凯郭尔。尽管两人的关系日益恶化，但两人仍保持着书信往返，维系感情。然而如果问题没有解决，写再多的情书也没用，他们订婚后一年即解除婚约，这时是 1841 年 8 月，我们等等会看到雷吉娜如何努力挽回这段感情。

克尔凯郭尔提过为何要解除婚约。在他的生命中有一些无法面对的伤痛，他认为这些伤痛会为雷吉娜带来更大的痛苦。除了这个理由外，克尔凯郭尔还提了许多奇怪且不具说服力的说法，例如他相信有一种神奇的力量在引导他过独身的生活；他相信自己身体状况奇差，可能没几年好活（这点所言不假，他过世时仅 42 岁）。当他托人把订婚戒指及告别信送至雷吉娜家后，女孩满怀伤心地赶到克尔凯郭尔家，希望他收回退婚的决定。雷吉娜相信，若退婚，克尔凯郭尔将会更加忧郁沮丧，这对他的心理或身体健康将更为不利。从这点来看，雷吉娜真的说对了！

虽然克尔凯郭尔真心爱着雷吉娜，但他发现自己无法既爱雷吉娜又维持对创作的坚持。对克尔凯郭尔来说，创作需要孤独缄默，写作需要内敛沉稳，而雷吉娜带给他的却是热情与奔放的生活。当两者不可兼顾时，他决定忍痛放手，让雷吉娜离开自己的世界——无奈事情没有他想得那么简单。热情的雷吉娜一开始根本不愿意离开克尔凯郭尔，甚至以死相逼。克尔凯郭尔被逼到没有办法了，故意以欺骗的口吻写下一封冷酷的诀别信，信中写道，经过一年的婚约期后，自己的感情冷却了，无法再爱下去了。不知情的雷吉娜即使收到此信，仍恳求克尔凯郭尔再给她一次机会。1841 年 10 月中旬，两人面对面坐下来，克尔凯郭尔仍坚持要取消婚约。雷吉娜的父亲告诉克尔凯郭尔，他这样坚持会害死自己的女儿。即便如此，克尔凯郭尔仍坚持解除婚约。隔天，雷吉娜试探地询问，他离开自己后还会不会再爱上别人？克尔凯郭尔回答她，或许 10 年后他会。

认清现实的雷吉娜生了重病，当晚克尔凯郭尔整夜哭泣。由于双方都是有头有脸的人物，这件事很快在哥本哈根成为八卦的精彩话题。克尔凯郭尔被众人唾弃，大家觉得他是个轻率引诱年轻女孩又始乱终弃的"渣男"。雷吉娜的家人也不懂这到底是怎么回事，他们虽然相信克尔凯郭尔本性善良，却也无法原谅他。克尔凯郭尔呢?他自己则一直担心雷吉娜会做傻事。这期间他常写信鼓励雷吉娜,告诉她即便少了自己的陪伴,她也要坚强独立,他希望雷吉娜可以原谅他。

其实爱说不出口

克尔凯郭尔虽然曾告诉雷吉娜，或许 10 年后他会跟另一个女人重新开始。但事实上，他没有，因为余生他从未走出此次情伤。解除婚约的隔年，克尔凯郭尔为了疗伤前往柏林进修，在那里他曾遇到一个和雷吉娜相似的女孩，让克尔凯郭尔再次因为想起雷吉娜而伤心不已。克尔凯郭尔是真的爱雷吉娜，他在立遗嘱时，雷吉娜是当时遗嘱上唯一列出的名字——不过那时的雷吉娜已婚，所以她拒绝了。

1843 年，解除婚约近 2 年后，克尔凯郭尔终于决定离开这个心碎的地方。某一个礼拜天，他照例前往教堂工作与聚会。

聚会结束离开前，雷吉娜向他点头致意，他知道雷吉娜愿意原谅他了。他在日记中特别写下这次的相遇。当雷吉娜第一次向他点头时，克尔凯郭尔摇了摇头，意思是"你必须放下"；当雷吉娜再次点头时，克尔凯郭尔也朝她点了点头，意思是"你保有我的爱。"几年后，雷吉娜和施莱格尔（Johan Frederik Schlegel）结婚，婚后生活幸福稳定。当然，克尔凯郭尔没有出席婚礼，不过他写了封信给雷吉娜，信中称雷吉娜是他灵魂中无缘的妻子。

到了这个时候，克尔凯郭尔仍没有忘记雷吉娜，甚至在她婚后，他亦曾写信给雷吉娜的丈夫施莱格尔，希望他能允许自己和雷吉娜见面交谈。不巧的是，施莱格尔是个再正常不过的男人，他自然没有答应。1852 年 9 月是克尔凯郭尔和雷吉娜订婚 12 周年纪念，两人碰到面却没有交谈的机会，克尔凯郭尔对此感到非常痛苦。他特别在日记里记录这次的碰面，雷吉娜既未向自己点头，也没有和自己说话。那年的圣诞节，他们又碰面了，克尔凯郭尔相信对方似乎正在等着什么——或许就是在等他吧！他相信雷吉娜始终用眼神寻找着自己。克尔凯郭尔对雷吉娜的爱恋与期待一直持续到 1855 年。那年施莱格尔因任公职离开哥本哈根。雷吉娜和丈夫离开后，她与克尔凯郭尔再也没有碰过面，因为 8 个月后，克尔凯郭尔就倒在哥本哈根街头，不幸离世。

你可能会觉得克尔凯郭尔真烦人，而且似乎集跟踪狂与自恋狂于一身。他的爱情故事不但让人焦急，而且让人心烦意乱。不过，克尔凯郭尔对雷吉娜的感情可能比我们想象的还要深厚。克尔凯郭尔曾认为自己可以改变命运，但事实上，是他被命运摧毁了，所以他必须通过解除婚约，保护这个他深爱的女人。

雷吉娜在这段感情中带着极深的遗憾，她实在无力处理克尔凯郭尔心里的各种矛盾与难题，也常觉得自己错怪了这位无缘的人。在 1855 年，克尔凯郭尔过世后，直到 1904 年，雷吉娜才以 82 岁高龄离世。克尔凯郭尔生前给雷吉娜带来很大的痛苦，过世后仍继续纠缠她，他的日记在有争议的状况下出版了。雷吉娜曾读到关于自己的段落，每次读到那里，她的身体和心里就有各种不适。雷吉娜身边的朋友多次劝她为自己澄清，不过直到施莱格尔过世后，她才开口说出自己与克尔凯郭尔之间的感情与心路历程。

我的哲学就是我的人生

克尔凯郭尔与雷吉娜的故事，甚至他的人生，都与他提到"生命历程三阶段"有关。按照克尔凯郭尔的描述，人的一生可以分为三个阶段，人也应该按照这三个阶段让自己成长。

第一阶段称为"美学阶段"。在这个阶段，人被自己的感官支配，根据自己的本能与情感做决定，所以这时候的人既无道德标准，也无明确的宗教信仰。如果有人要限制他的决定，他就会感到厌恶与不耐烦。因为不受限制，所以他会感到自由自在，但这种自由自在其实一点也不快乐。就像日本异世界后宫动漫的男主角，周旋在众多女主角之间，不负责任也负不起责任。这样的男主角虽然看起来很快乐，但最终仍不得不做出选择。一旦要做选择，他就必须负起责任。这正是克尔凯郭尔遇到雷吉娜，并与她刚订婚时的状态。克尔凯郭尔觉得雷吉娜很美，就这样爱上了她，但是订婚后，两人便开始面对现实生活。

当两人开始面对现实生活，就进入了克尔凯郭尔所称的第二阶段"伦理阶段"了。订婚后，双方身份转变了，当然就必须负起责任。问题是负责任很辛苦啊！人总是理性地以为，在感情中，人们可以负责，可以规定自己专情，可以要求自己不花心。但面对很多情况，我们还能守住自己的原则吗？这个阶段，我们会发现原来自己这么软弱，订下的规则这么容易被打破。于是我们必须做出选择，往下一个阶段继续成长。这就是克尔凯郭尔取消婚约前的考虑，他问自己是否能够负责任，因为他准备前往下一个阶段。

第三个阶段称为"信仰阶段"。这时候，他体会到原来自己各方面是如此有限，以至于需要神圣力量帮助自己。但是以理性层面来讨论超越神圣的力量总是受限。所以克尔凯郭尔说，从第二阶段进入第三阶段需要勇气。克尔凯郭尔很骄傲地说："你不要当悲剧英雄，而应当做信仰的骑士。"

讲到这里，你可能会觉得克尔凯郭尔真是会说大话！如果克尔凯郭尔进入第三阶段的最后选择是解除婚约，我们为何还要接受克尔凯郭尔的主张？

其实，克尔凯郭尔向我们展示理想的人格成长阶段，以及心理学家为我们分析每个人的成长过程，均是仅能作为参考的指标，谁也无法完完全全照着成长。用哲学术语来说，克尔凯郭尔让我们看到"从自己的本质到真实存在样貌之间的发展历程"。"我是谁"与"我应该是谁"，是我们每天都在问自己的问题，我们每天都在这两个问题之间拉扯。克尔凯郭尔向我们显示了人格的矛盾，这样的矛盾也表现在他用不同笔名撰写的著作之中。

两本矛盾的书

　　克尔凯郭尔展现的人格矛盾，正好可以用他的两本书作为例子：《或此或彼》(*Either/ Or*)与《爱的作为》(*Kjerlighedens Gjerninger*)。这两本书展现出完全不同的爱，如果说《爱的作为》是谈论人生如何正面去爱；那《或此或彼》就是中二病①的"黑历史"，因为这本书既厚又难以阅读。

　　《或此或彼》是一本大部头的书，由11篇论文与著作组合而成。我们前面提到，克尔凯郭尔与雷吉娜解除婚约后，曾

---

① 中二病：指的是青春期少年特有的自以为是的思想、行动和价值观。"中二"即初中二年级的意思。

前往柏林游学疗伤（遇到长得和雷吉娜很像的女生，所以疗伤未果），他原本计划去听当时非常有名的德国哲学家费希特（Johann Gottlieb Fichte）的演讲，但是到德国听讲后却非常失望，他觉得费希特的演讲内容华而不实。但是人都到德国了，总不能就这样回家吧？所以他一面在德国练习德文，一面开始为这本书打草稿。他只用了 11 个月就写完这本千页巨著，而且用他一贯一人分饰多角的方式向读者介绍他的思想：在第一卷中他扮演游戏人生的花花公子，告诉读者享受感官快乐有多美好；第二卷中他扮演谨守道德的法官威廉，用长篇大论劝告读者应好好遵守道德律则。他同时又扮演第三个角色——因故发现这两人的通信文稿，然后将这些文稿编辑成书的编者。

这本书中最有名的一篇文章是《诱惑者日记》（Diary of a Seducer），讲述了花花公子约翰纳斯（Johannes）如何勾引年轻女孩再抛弃她的故事。这里应该多提一件事，《或此或彼》的 11 篇文章，除了《诱惑者日记》是以日记体写成，可以当作小说来阅读之外，其余 10 篇文章都以论理为主，而且长度惊人。这可能是这篇日记后来能被单独拉出来成书的原因之一。此外，这篇小说以约翰纳斯的第一人称视角为主轴，记录了他遇到美少女科迪莉亚（Cordelia Wah）所发生的爱情故事——约翰纳斯其实就是克尔凯郭尔自己，我们可以把这篇日记当成是克尔凯郭尔的反省，甚至是忏悔。

日记中，约翰纳斯告诉我们应该把女人当成研究的对象，这样的研究对象让男人拥有了无限可供观察的材料。约翰纳斯这个十恶不赦的采花贼玩了一场爱情游戏，他想要获得那位少女的芳心，同时也希望自己的心被少女完全占据。他详细观察并捕捉科迪莉亚心理表现的每项细节，通过欲擒故纵的技巧让少女心神不安。他想要与科迪莉亚享受爱情，却又不想走上婚姻之途。于是，他向科迪莉亚灌输婚姻是爱情的束缚，要求她不能让大家知道两人交往的事情。约翰纳斯的理由是，若想真正理解爱情，就必须将爱情变成两人间的小秘密，否则爱情就不再是爱情本身，会掺杂过多其他人的关心、意见还有压力。约翰纳斯主张，从爱情走入婚姻更是万万不可，一旦双方进入婚约，爱情将被扼杀（毕竟"婚姻是爱情的坟墓"），双方的爱情也将在现实残酷中消磨殆尽。

在日记里，约翰纳斯以第一人称写下了他与科迪莉亚之间的相逢、情爱与分手，并讨论了性爱在男女之间的成分。通过约翰纳斯这位诱惑者，克尔凯郭尔向我们展示出，人生第一个阶段的"美学阶段"究竟是什么样子。约翰纳斯正可谓这样的代表,因为他是以享乐与肉体的方式面对感情(约翰纳斯本人不承认,他坚称自己不是为了玩乐或享受肉欲)。约翰纳斯自豪地认为,他的故事正好可以作为大家观察爱情的素材。这本日记虽是写约翰纳斯的,但将日记展示出来的却是一位"认识"科迪莉亚的朋友(也就是作为编辑者的克尔凯郭尔自己),克尔凯郭尔通过约翰纳斯的故事,展示了科迪莉亚被抛弃了,诱惑者是开心完后甩手离开——等一下,这听起来不正是克尔凯郭尔自己的亲身故事吗?

好吧!我们还是帮克尔凯郭尔平反一下。因为约翰纳斯是真的玩完后就跑,克尔凯郭尔至少还为自己的选择负过责任。如果说《诱惑者日记》展现出不负责任的恋爱自由,那《爱的作为》则是向我们展现出在爱里面的理性选择。克尔凯郭尔在发表《爱的作为》时用的是自己的真名,而且认认真真地写了一本哲学与宗教的正规著作,不过这也表示这本书内容很"硬",不好阅读。根据书名,克尔凯郭尔谦称这本小书(其实一点也不小,中文版翻译厚达 420 页)描述了"爱"如何被广泛流传在人世间。这本书共分两卷,合计 15 章。但第一卷的第 2 章与第 3 章呈现出克尔凯郭尔所希望的讨论方式:第 2 章分为 A、B、C 三部分,循序渐进地讨论人应该怎样去爱,然后应该如何去爱你的邻人，最终强调那个作为爱的主体——"你"应当付诸行动。第3章分为A与B两个部分，说明爱既为律法的成全，同时也是良知的问题。因此爱既与律法有关，也是良知的实践。

上面说明大概能让读者明白此书的生硬及不好阅读，这也是本书的特点之一。但是真正让《爱的作为》与《诱惑者日记》打对台的，却是这本书的第7章"爱是凡事相信，却不受欺骗"——这让我们想到约翰纳斯如何欺骗了科迪莉亚。克尔凯郭尔在这章问我们：如果爱是凡事相信，那么凡事相信的人要怎样不被欺骗？感情里面有太多的欺骗，然而堕入情网的人往往甘心被骗。克尔凯郭尔告诉我们，其实相信就是一种选择，你也可以选择怀疑或持续爱，那些在感情中行骗的人，不论是骗自己还是骗别人，在被揭穿前只会越来越自负，因为他的谎言无往不利。正确地说，骗子需要欺骗自己，否则他无法获得来自爱的真正福祉。这就是约翰纳斯的问题，虽然他表达出享乐的理想，但最终无法继续爱下去。唯有忠于自己时，爱才能不受欺骗。

为了爱，你愿意付出多少?

　　克尔凯郭尔在《爱的作为》中告诉我们必须把爱表达出来。他讲得头头是道，但这样的一位哲学家，他自己始终无法放手真心去爱。因为他相信自己背负着来自家庭的原罪，所以无法真正去爱自己深爱的对象。反倒认为，唯有将爱人推离自己的身边，才能算真正的爱。最终，他只能眼睁睁地看着爱人嫁给另一个人，而自己一生都在这样的爱恋与失去中反反复复地思考。

　　克尔凯郭尔的故事让我们看见爱的流动性。如果你去看《或此或彼》，就会发现书中辩论着究竟哪种人生阶段比较好。

但是如果你只是单单挑出任意一卷的任意一篇，大概会有不知所云的感觉，尤其一些篇章讨论如何挑逗或玩弄女性，反对女性伸张自己的权利，这样的内容大概会让读者很不高兴往下读。但根据克尔凯郭尔在日记与论文中的反省，即当我们想要选择或此或彼时，这个选择本身就是错的，因为这些问题的真正内容都在问"我是谁"。

克尔凯郭尔的故事让我们思考：如果我们真的很爱一个人，我们是否愿意不顾一切为对方付出，即便要对抗命运也在所不惜？或是当爱情与信仰对抗时，我们如何选择？他的故事或许还让我们看到，原生家庭对一个人的影响有多巨大。

第六章

个人情感受家人影响颇深

——叔本华与尼采

　　有的男人非常讨厌女人，用尽各种方式羞辱女人，似乎忘了自己也是从女人的肚子里生出来的。这样的男人让人非常不解，因为他们的想法很难被社会大众接纳。虽然哲学家以理性思考为工作，但有些人也无法避免因为成长背景的关系，对女人产生厌恶感。其中最有名的，当属叔本华（Arthur Schopenhauer）与尼采（Friedrich W. Nietzsche），前者专门撰文贬损女人，后者则跟自己的母亲及妹妹在一次又一次的冲突与和解中度过一生。

叔本华与母亲关系紧张

叔本华的厌女症可能来自他与母亲和妹妹的关系。1788年,叔本华出生,其父亲是一名富商,母亲乔安娜(Johanna Schopenhauer)是一名作家,他还有一个妹妹叫阿黛儿(Adele)。1805年,叔本华的父亲在河中溺死。大部分人认为这起溺死事件就是不幸的意外。由于父亲在生命中的最后几个月,展现出各种焦虑与沮丧的行为,叔本华与母亲认为父亲是自杀,叔本华更是将原因归咎在母亲身上,他认为是双亲相处有问题才导致父亲自杀的。叔本华在父亲过世后继承了一笔遗产,为了纪念父亲,他从商两年,后来与母亲交恶,而且母子关系极为恶劣。此时,乔安娜为了能好好当个作家,并从事自己喜欢的艺术工作,搬到了魏玛(Weimar)。叔本华则于1809年搬到魏玛,但乔安娜认为两人不对付,劝他别搬来。叔本华为此大肆批评母亲——任意挥霍金钱,随意与男人约会并想要再婚。叔本华认为这是对父亲的污辱,乔安娜也不太喜欢叔本华。虽然她自认为疼爱叔本华,实则处处批评叔本华,甚至在写给儿子的信件中直接提及儿子的种种缺点。

在这段时期,叔本华已经逐渐展现出他过人的才华,但严格来说,他却未被当时的知识分子们注意到。因为乔安娜从中作梗,她常警告众人自己的儿子性格卑劣。乔安娜在当时文学界还算是个人物,甚至一度与歌德 [Johann Wolfgang von Goethe,就是撰写《少年维特之烦恼》(*The Sorrows of Young Werther*)与《浮士德》(*Faust*)的那位文学家] 关系密切,她提醒大家要防范叔本华。对此,文学界还是很认同的。1810年,乔安娜正式出道,开始她的写作生涯。1811至1812年间,叔本华进入柏林大学就读。直到1813年,乔安娜才同意叔本华搬进家中。不过因为母子二人反复、激烈的争吵,没多久,叔本华又搬了出去。除了两人性格不合的原因外,真正原因还包括乔安娜与一位"小鲜肉"房客的"友谊"让叔本华看不下去。这位房客小乔安娜 12 岁，两人已经发展为情人关系。叔本华认定母亲的行为就是对父亲的背叛，一气之下，他搬去鲁道尔施塔特（Rudolstadt）定居，并在这里完成《论充足理由律的四重根》(*On the Fourfold Root of the Principle of Sufficient Reason*) 这篇重要的学术论文。

自认被叔本华误会的乔安娜想尽办法为自己辩解，她邀请叔本华再次回到魏玛，并试图说服对方，自己跟情人间只是柏拉图式的恋爱，没有结婚的打算。叔本华当然不相信乔安娜的说法，加上相处过程中，"小情人"总是指责叔本华既自大又没才华，以致这次见面不欢而散。其实，在这件事上，乔安娜确实是站在"小情人"这一边的。她认为叔本华的那篇论文既难读又难理解，加上同一个时间点自己才刚出版新书且有一定的销量，让她更确信自己对儿子的理解无误。她没料到叔本华那篇论文受到歌德赏识，叔本华与歌德还因此成为好友（多说一句，日后双方理论出现分歧，两人的友谊决裂了）。差不多也是在这个时间点上，叔本华接触到了《奥义书》(*Upanishads*) 这本古印度经典，从而影响他日后的重要代表著作《作为意志和表象的世界》(*The World as Will and Representation*)。

双方既然已撕破脸，从 1814 年之后，母子再也没见过面，需要传递讯息就靠书信往返。虽然和母亲的关系降到冰点，叔本华仍定期与妹妹阿黛儿联络。几年后，阿黛儿告诉叔本华，母亲的经济出了状况（乔安娜将全部财产投资在一家银行，如今银行面临破产，碰巧叔本华在这里也有存款）。叔本华尝试与母亲重修旧好，愿意跟母亲、妹妹分享遗产，但母亲严词拒绝了（或许是基于面子）。叔本华毕竟是有经商经验的哲学家，他通过自己的逻辑思辨与商战能力顺利拿回所有存款。乔安娜原本以为，他最理想的结果也只能取回储蓄的 30%。叔本华这种全面性的商业胜利，让乔安娜面子上挂不住了，也让已经失和的家庭关系更加雪上加霜！

母子间的紧张关系持续到 1831 年，总算迎来恢复通信的契机。这一年，乔安娜生病，加上著作收入弥补不了之前的投资损失，于是她愿意敞开心胸，恢复与叔本华的关系。表面上，两人同意和好，事实上叔本华仍批评乔安娜是个不合格的妈妈，她主观且自我（其实叔本华自己也是如此）。之后，叔本华前往法兰克福定居，出现精神与身体双双生病的状态。乔安娜因担心叔本华会跟丈夫一样自杀而对他关怀备至，使双方关系略有改善。不过，乔安娜始终未将儿子视为自己的财产继承人。她虽是作家，但与女儿一起的生活并未因稿费的收入变得宽裕，由于担心阿黛儿在自己过世后，可能面临生活拮据的困难境况，她将女儿设立为遗产的唯一继承人。叔本华在母亲过世后仍保持与妹妹的密切往来，直到他自己过世为止。

叔本华虽因母亲与妹妹而对女性感到厌恶，但早年的他其实恋爱情感经历十分丰富。叔本华曾被当时著名的名伶卡洛琳（Karoline Jagemann）吸引，并写情诗取悦她。虽然日后叔本华倾向过禁欲生活，或对性这件事采取否定的观点，但他年轻时也常与女性发生关系——包括女仆、演员以及性工作者。叔本华在1819年与1836年各得到一位非婚生的孩子。像1819年那次，居然是在等待著作出版的过程中，叔本华意外让一位女佣怀孕且生下了孩子。

叔本华其实也考虑过要跟某人结婚。例如1818至1819年他在意大利度假（并且让女佣怀孕）后，曾考虑与一位意大利贵族结婚。尽管叔本华多次提到这事，却没有给我们足以参考的细节，以至于一些传记作家认为这可能是他骗大家"自己还是有人喜欢"所编造出来的说辞。在这期间，他仍有性生活，甚至曾经得过性病（医师建议他治疗梅毒）。在柏林大学任教期间，他再次兴起结婚的念头，并向小他22岁的少女韦思（Flora Weiss）求婚。在这期间，他开始反省一夫一妻制，并主张在此制度之外，有其他的可能性。他也与另一位女子瑞秋（Caroline Richter）保持着关系。虽然叔本华年轻时性生活活跃，但他却感到自卑，认为女人不会觉得自己迷人，也不会觉得自己的身体具有魅力。总之，在这种自卑的情结中，他觉得自己对女人的欲望无法得到实现。

严重的偏见

　　虽然叔本华最重要的哲学著作是《作为意志和表象的世界》，但短篇论文《论女人》(*On Woman*) 却是我们能获得的、他对女人看法的第一手资料。在这篇论文中，叔本华对女人有各种指责贬抑，例如一开始他虽然认同诗人席勒（Johann Christoph Friedrich von Schiller）与拜伦（George Gordon Byron）对女人的赞美，却又指出女人的身体形态会导致她们天生不适合任何形式的劳动。为此，一个女人必须通过顺服丈夫、忍受生产苦难过日子，她应该比男人更为安静、更为低调。不过叔本华认为也无须担心女人的感受，因为即便如此，她们也没有是否快乐的问题。如果坚持女人应该去工作,就让她们去当护士或保姆吧!反正女人就是幼稚而愚蠢的代表,她们是长不大的小孩。即便长大了,女人也不过是介于孩童与成人之间。因为她们每天考虑的,不就是如何利用男人吗?毕竟大自然给了她们几年的时间,有着惊人的美貌,以吸引男人为她们疯狂。但大自然也是公平的,她们得付出相应的代价,用仅仅几年的美貌交换余生。一旦生子,她们就会失去那仅有几年的美貌。

正是这个原因,女人满脑子想着爱情,阅读言情小说,幻想白马王子的出现,丝毫不在意如何勤俭持家。对女人来说,丈夫或男人的存在价值就是赚钱给她们花,就算老公死了,她们仍满脑子想着花钱,女人过奢侈生活的欲望简直到了疯狂的地步。当然这不是说女人一无是处,其实女人比男人更能忍受现实,不过是在享乐的前提下。只要眼前的生活还过得下去,她们就会尽情享受。

上面所讲即叔本华《论女人》的前 2 至 3 页内容。如果这样的言论出现在我们这个时代,叔本华恐怕会被网络"人肉"出来,脸书(如果他在用)底下恐怕都是谩骂的评论。虽然他或多或少提到了女人的优点,例如男人有烦恼时可以找女人讨论商议，因为女人看得不够远，所以女人做判断时会比男人冷静些，加上女人不够理性，所以女人能给予不幸者更多同情……瞧！怎么看都像是在反讽女人！总之，叔本华认为，基于女性判断能力与思考能力的缺乏，女性最根本的缺陷就是没有正义感，这就是大自然将她们归为弱势者的原因。她们能依靠的只有狡猾与说谎，且伴随着虚假、不可信任、背叛与忘恩负义等等恶行。

叔本华认为，女人存在的唯一目的就是繁衍后代，因此她们的存在是为了全体人类而非单一个体。她们的个性与男人完全不同，女人的个性差会直接导致婚姻的不睦。毕竟男人的负面感情最多的就是冷漠，而女人的负面感情却是敌意与嫉妒。无论如何，男人间总会保持着彬彬有礼的礼节，但女人对待下人或仆人却会采取不可一世的自傲态度。从外表来看，只有那些理智被蒙蔽的男人才会认为矮小、窄肩、肥臀且短腿的存在可以被称为"女人"。此外，女人对艺术没有鉴赏能力，不懂附庸风雅，在音乐会上喋喋不休，就像小孩一般喧闹。更别提那些所谓的杰出女性了，其实没有几个能在艺术上有所建树。叔本华不客气地指出，正因为当时普鲁士保留了过往在法国对女性的殷勤与尊崇的作风，才使得日耳曼女人自大狂妄。

多数学者认为，叔本华这么仇视女人，是因为他被自己的母亲深深地伤害了。若是在我们现在的时代，这种对女性的仇恨实在让人无法苟同。如果我们仔细阅读他的那篇论文（前提是你能心平气和，不会看着看着就把它撕成两半），我们确实可以从字里行间找到叔本华对女人的种种偏见。

奇葩的主张

基于对女人低下的评价，叔本华认为一夫多妻制对女性有利，他的论点并非是为了满足男性欲望，而是在女人天生弱势的前提下提出的。

从社会制度来看，叔本华反对"贵妇"阶级的存在，一方面是和男人相比，女人属于次等阶级，无须被尊重，所以应当学会节俭与顺从，而非给予让她们学会目中无人的教育。这些"贵妇"的存在，使社会下层阶级的女性显得更为不幸。因为女人的真正工作应当是：

操持家务，由男人供给吃穿用度，而不能到社会上参与活动。她们应该受到良好的宗教教育，除了有关宗教信仰和烹调方面的书，不能阅读诗歌或政治等其他方面的书籍。闲暇时，她们也可以听听音乐、学学绘画、跳跳舞、种种花草等。

叔本华认为，他那个时代的法律给予女人的多过大自然给予女人的权利与荣誉。一夫多妻制在此显得合理，因为每个女人在一夫一妻制下都可拥有一个男人供养她。然而，一夫一妻制既然限定了结婚的人数，就表示能够结婚的妇女在数量上已经饱和，这也表示将有大量女人无法找到归宿：

这些女人如果出生在上层社会，便会变成郁郁寡欢的老处女，生命毫无意义和价值；如果这些女人置身于下层社会，就不得不从事极为艰辛繁重的工作，而这样的劳动对她们来说并不合适；甚至有一些女人会沦为烟花女子，过着痛苦、屈辱的生活。但在这样的社会环境下，她们的悲惨命运是不可避免的。

叔本华基于女人弱势的前提（以及在他生活的时代确实存在着因男女不平等导致女性悲惨的境况），认为一夫多妻制才是对女人真正有利的制度。如果妻子患病、无法生育或太过衰老，那就应该允许老公另娶。叔本华谴责的可能是马丁·路德的改革，因为马丁·路德提倡教士可以结婚，认为夫妻是平等的合作，婚姻应真实、忠诚、守信。在人类历史上，很多男人总是会想办法找到更多的红粉知己，甚至公开拥有多位情妇。叔本华认为与其大家互相欺骗，表面上赞成一夫一妻制，倒不如让男人可以同时拥有许多女人，并公平地供养她们每一个人。通过这种方式，女人将可恢复在自然状态下的原本模样，使世界（叔本华所在的）上只有幸福的女人。

有人可能会强调女人的母爱与养育，但叔本华认为，在组织家庭甚至是养儿育女上，母亲比不上父亲的角色。母亲的爱出自本能，但当孩子长大，或当这个母亲不再爱父亲时，那种最初的母爱就会消失；但父爱并非如此，父爱是形而上的，父亲能在孩子那里找到自我。为此，谈论家庭或家族必然出现的财产继承观点时，叔本华反对由女性继承。若要由女性继承，则应当有男人监管她们的花销，毕竟女人是理智软弱的存在。因此，叔本华以这样一段话作为整篇论文的结束语：

女人的天性意味着服从。例如，我们可以看到这样的事实，每一个完全独立的非自然地位的女人，都要立即依附于某个男人，使自己接受他的引导和统治。因为她需要一位君王和主人。年轻的时候，这个君王是情人；年老的时候，这个君王就是牧师了。

你可能心里在想：是怎样大男子主义的男人才可以说出这般诋毁女人的内容？我们不妨仔细想想他关于家庭的看法，不觉得这跟他的家庭背景很相似吗？当然，即便我们在这里搬出他曾经遭受过的伤害，还是很难为他开脱。你可能也在想：有谁会接受这种诋毁女人的观点啊？有的，那个人就是尼采。当他在 1865 年读到叔本华的《作为意志和表象的世界》，心中不只深受震动，也怨叹叔本华为什么在 1860 年就过世了。

尼采推崇叔本华的学说

提到尼采，许多人脑中浮现的是那张大胡子的照片。如果你读过尼采传记《瞧！这个人》(*Ecce Homo*)，以及其他一些令你惊讶的篇章，诸如《为什么我这么有智慧》或《为什么我这么聪明》，就会对尼采有些看法。当然，有些看法也可能来自后人对尼采的误解。毕竟他被误会也不是一天两天了，在他还活着的时候就是如此。

尼采生于 1844 年，父亲是基督教教会的牧师（这与他日后的创作有种违和的讽刺）。1846 年，他的妹妹伊丽莎白（Elisabeth Förster Nietzsche）诞生——这位妹妹日后将与尼采有密切的关系。父亲过世后，5 岁的尼采由一群女人抚养长大。年轻时的他便已展现出过人的天分，常需要弄清母亲与妹妹的想法，把信件写得简单容易些。这期间的尼采顺从母亲的要求，以他过世的父亲为榜样。然而，年轻时的尼采，在读了荷尔德林（Friedrich Hölderlin）的作品后，深深为之着迷，并为荷尔德林撰写专文，展现出想朝文学研究发展的愿想。1864 年，他进入波恩大学研究古典语言。母亲为此愤怒，但更令她不爽的是，他竟然公开放弃了信仰。

1865 年，尼采前往莱比锡大学。在那里，他认识了密友罗德（Erwin Rohde），撰写了第一本语言学著作，并且认识到叔本华这一号人物。那年 10 月，他（因缘际会）买到叔本华的《作为意志和表象的世界》，一口气读完后深受震动。这位被他尊敬的思想家，让他体会到生命力的崇高。对尼采来说，叔本华帮助自己年轻的灵魂寻找到心灵的内在法则，他不只是老师，更是灵魂的解救者。1867 年，尼采加入普鲁士军队服役，后来意外受伤。1868 年，他顺利完成学业，认识了瓦格纳（Wilhelm Richard Wagner），并在 1869 年进入瑞士巴塞尔大学（University of Basel）任教，直到 1878 年。

不被世人理解的天才

尼采因才华出众，24 岁那年便成为教授。不过他先是在 1869 年 3 月获得莱比锡大学荣誉博士学位，而后才在 1870 年提出博士论文。尼采的学术生涯看似一帆风顺，但 1870 至 1871 年，普法战争期间，他曾重回普鲁士部队服役。这次回到部队对他有极大影响，尤其战争的惨烈让他可能患有创伤后压力症候群（PTSD），还让他感染了白喉与痢疾等疾病——有学者认为，让他精神失常的梅毒也是在这期间染上的。受到重创的尼采开始质疑所谓的德意志精神究竟是什么。这期间他开始与瓦格纳交往，因为尼采认为瓦格纳正是那个努力拉回普鲁士精神的文化工作者；瓦格纳也欣赏这位年轻后辈，竭力将他带入自己的朋友圈中。

1872 年，尼采发表《悲剧的诞生》（*The Birth of Tragedy*）一书，学界对这本著作的评价两极分化，并引发辩论，尼采感慨竟没人可以真正理解他的想法。相同的时间，1872 年，瓦格纳在德国音乐领域重执牛耳，理想的音乐殿堂被建立起来了，这段风光时刻直到 1874 年瓦格纳完成巨作《尼伯龙根的指环》（*Der Ring des Nibelungen*）且正式首演为止。尼采看完瓦格纳的巨作后感到痛苦，他觉得瓦格纳堕落了！特别是在 1876 年后，看过在拜罗伊特音乐节上演出的瓦格纳，尼采觉得此时的挚友竟如此平庸媚俗，于是决定与这位深受公众喜爱的朋友分道扬镳。你可以看看他在 1888 年出版的《瓦格纳事件》（*The Case of Wagner*），书中他对瓦格纳的音乐进行了一番"考察"，谴责瓦格纳的音乐是欧洲思想疾病虚无主义的范例。我们似乎可以理解为尼采由爱生恨，但这是 1888 年的著作，这一年是尼采最多产的一年，也是他精神崩溃的前一年。

尼采受到了双重打击，《悲剧的诞生》不受重视且被误解，挚友瓦格纳竟背叛两人多年来的默契与理想（尽管这可能只是尼采单方面的臆测），加上教职与不断创作，尼采的健康状况越来越不理想。别忘了，他身上还留有服役时受伤染病的后遗症。此外，他与他的其他密友，包括前面提及的罗德，也因为哲学理念的差异渐行渐远。1879 年，由于身体健康状况持续恶化，尼采不得不辞去巴塞尔大学的教职。此时的他已是独立工作的哲学家了，靠着退休金与朋友的接济还能勉强维持生活。不过因为莎乐美（Lou Salomé）的出现，尼采又将受到一个打击。

感情受挫，打击接踵而至

　　从巴塞尔大学离职后，尼采为了找到适合自己身体健康状况的气候及环境，辗转在不同的地方生活。他以作家的身份继续写作。他的朋友从原本的罗德换成了彼得·加斯特（Peter Gast），加斯特是尼采允许可以批判自己思想及著作的朋友，他们的友谊一直维系到尼采过世。

　　1881 年，莎乐美走入尼采的生命。原本莎乐美因为身体健康原因与母亲一起前往罗马度假。在罗马，她遇到了尼采的朋友雷伊（Paul Rée），雷伊对莎乐美几乎是一见钟情，并在信中向尼采提到了这位动人的女子。出于好奇，尼采前往罗马与两人见面。据说，当尼采遇到莎乐美时，他惊讶地说道："我们是从哪些星球来的，竟然会在此相遇？"（够浪漫吧？）尼采和雷伊都被这个美丽的女子迷住了，他们均向这位女子求婚，却都被拒绝了。1882 年起，他们 3 个人像兄弟姐妹一样组成教育团队。喜爱看爱情连续剧的朋友一定可以猜到，这样的团队从开始就注定要失败，毕竟团队是两个情敌加上一个共同爱慕的对象组成的。

不过，莎乐美对尼采其实是爱恨交织。在她眼中，尼采根本就是个矛盾集合体——既有智慧又过度热情，既追求自由又过于拘束。他们曾一起前往北意大利的萨克罗山（montesacro）散步，但两人对这段往事的回忆完全对应不起来。尼采认为那是一段神圣往事，充满许多无法实现的承诺；莎乐美却连是否亲吻过尼采也不记得。1882 年 10 月，他们分道扬镳。在经历过几次对莎乐美失败的求婚后，尼采耿耿于怀。尼采觉得自己被莎乐美（甚至雷伊）背叛，莎乐美却觉得尼采的爱太过强烈。尼采的火气不只针对莎乐美，还包括对自己的妹妹伊丽莎白，他认为正是因为自己的妹妹，让他与莎乐美无法继续走下去。

尼采在这段感情中受到了很大的伤害，严重到需靠镇定药物才能入睡。但他也在这段伤害中获得了一定的成就，在短短不到两周的时间，他创作出《查拉图斯特拉如是说》(*Thus Spoke Zarathustra*) 的卷一——这本书在尼采哲学中占有相当重要的地位。他称这本书为"第五福音书"，是一本虽为所有人撰写却无人可以阅读的诗集。这期间，尼采越来越孤独，他彻底离开与瓦格纳相关的社交圈，放弃叔本华对他的影响。其实《查拉图斯特拉如是说》的出版命运十分坎坷，卷一与卷二在 1883 年出版，卷三在 1884 年出版，3 卷的销量奇差，以致当 1885 年尼采写完第 4 卷时，还被出版社拒绝印刷，最后由尼采自费印了 40 本。

在 1889 年尼采崩溃前，各种打击接踵而至。他无法获得莱比锡大学的职位；1886 年，尼采与熟识的朋友亦是出版商的施梅茨 (Ernst Schmeitzner) 决裂；他妹妹伊丽莎白嫁给反犹太人的种族主义者福斯特 (Bernhard Förster)，迫使两人的矛盾冲突增加。虽然在 1887 至 1888 年，尼采的健康状况似乎有好转的迹象，尤其是在 1888 年，他有极大的创作量。不过这一切在 1889 年 1 月 3 日这天戛然而止。那天，尼采崩溃了。

人生被自己的妹妹"控制"

1889 年 1 月 3 日，尼采在意大利都灵的大街上造成了一场混乱：他走向被马夫鞭打着的马，抱着马的脖子哭了起来。混乱发生前，跟尼采还保持联系的朋友已经倍感担忧，因为他们从尼采那里收到许多令人不安的信。信中写着"我在秋天被埋葬两次"等与当时时事有关的内容。他也写信给瓦格纳的夫人说"我爱你"。他的署名大多为狄奥尼索斯（Dionysius），有时也署名为"被钉死的人"。那些语焉不详的信还提到"德国皇帝应该去罗马开战"，或是"尼采已经创造世界"等话语。当这些朋友收到信并赶到尼采在都灵的居所时，旅店的老板正看顾着尼采以防他发生什么意外。那时,尼采弹着钢琴,吟唱着,并叫喊着《狄奥尼索斯颂歌》(*Dionysos-Dithyramben*)。由于病情严重,他很快被安排住进精神病院。

1893 年开始,尼采的著作被有系统地安排,连作品出版也受到控制。控制者不是别人,正是他的妹妹伊丽莎白。那时她丈夫因自杀去世,所以她回到尼采所在的魏玛。伊丽莎白和恋爱漫画中那种可爱的"兄控"妹妹完全不一样,她虽有着强烈的控制欲望,但她展现出来的谋略却不是那些只会撒娇的妹妹们可以比的。早在 1882 年,她和莎乐美相遇时,她就已经表现出那种充满嫉妒及高傲的态度。她认为莎乐美应当为哥哥发声,而莎乐美却没有在公开场合积极为尼采辩护。她们还曾在搭车外出时发生激烈争吵,以致伊丽莎白对莎乐美充满恨意——这也是前面所提,尼采认为妹妹是破坏姻缘的凶手的缘故。

尼采生前跟妹妹(还有妈妈)的关系时好时坏。当伊丽莎白重新控制尼采著作的出版权时,兄妹之间已存在的问题更为严重。特别是 1897 年母亲去世后,伊丽莎白完全控制了他的生活。她最终选择与加斯特合作整理尼采的作品。同时找上鲁道夫·斯坦纳(Rudolf Steiner),与这位尼采第一本传记著作

者成为合作伙伴，并希望斯坦纳能帮助她理解哥哥的哲学内容
（不过几个月后斯坦纳放弃了，她就是学不会）。伊丽莎白最
具争议的作为之一，就是将尼采未发表的手稿整理成《权力意
志》（*The Will to Power*）一书并出版，伊丽莎白凭借个人喜
好重新整理，若说这本著作能代表尼采，或许有些争议。但有
学者指出，伊丽莎白在这期间重新建构了尼采为德意志精神的
象征。1897 年，当尼采搬到银光别墅时（这房子现已成为尼
采档案馆），她已经大量搜集尼采的文稿，甚至搭建了一个小
舞台，让生病的尼采上去对大家挥手致意。而这或许正是伊丽
莎白贯彻她认为的权力意志的表现。

尼采在 1898 年与 1899 年连续两次中风，以致无法走路
或说话。1900 年 8 月，他三度中风，最终病逝。他没有结婚，
两位明确的求婚对象——除莎乐美外，还有他在 1874 年热烈
追求过的玛蒂尔达（Mathilde Trampedach），都因为他过度热
情的追求而受到惊吓。最终在妹妹的陪伴下（或控制下），尼
采走完了人生最后 10 年。他和叔本华一样，周旋在女性家人
的中间，受尽伤害、忍受痛苦，最终产生对女性的厌恶感，终
生不婚。

第七章

如何择偶？

——边沁与穆勒

在整个哲学发展的历史中，效益主义的主张是最能够被我们实际用在生活当中的学说。其实在生活中，我们已经在天天运用了，只是不一定知道那就叫作效益主义而已。提出效益主义的两位哲学家——边沁（1748-1832）与穆勒（1806-1873）都曾将它应用在男女感情的问题上，尽管两个人的婚姻故事并无精彩或复杂的状况——边沁未婚，而穆勒有过一段婚姻且过得相当幸福——他们主张的效益主义能在择偶这件事上给予我们实质的帮助。

人有先来后到，事有轻重缓急

我们先稍微理解一下效益主义的主张，如此在后面谈边沁或穆勒的想法时才会更清楚。效益主义以前被称为"功利主义"。"功利"这个词是很负面的，若有人说你是个"很功利的人"，我们会感觉这是嘲讽贬抑而非赞美；另外，效益主义的英文为 Utilitarianism，原本的意义是强调人应该通过评估与推算过程，获得最理想的结果。我们现在将这样的主张称为"效益主义"，以凸显经由评估推算所能获得的"人有先来后到，事有轻重缓急"的精神。

效益主义的基本精神与评估推算有关，并且期望获得最好的结果,所以效益主义看重行为的整体或最后结果,以此决定此行为是否道德。效益主义的支持者认为,善恶都可以被量化——虽然我们不一定懂得行为的量化,但我们一定知道事情严重性的比较(这就是我们每天都在说的"事有轻重缓急")。这种严重性的比较就是一种量化方式。比较的结果有两种可能:一是,我们希望得到的结果是"最大量,也就是最大的幸福,而且多多益善";二是,我们可以"趋善避恶",即在众多有磕碰的苹果中挑出一个相对比较好的,让自己的损失降到最低。

可是,有时候,我们也必须要注意到比较之后做的选择,不论选哪一边都有可能伤害到另一边。两个超强的对手比赛,若只能选一个晋级,难免会有遗珠之憾;同样地,戏剧或电影里的女主角若必须要在两个男主角中选一个时,就会伤害到没被选上的那一个。这种必然存在的伤害,我们称为"必要之恶"。当然,效益主义者的支持者会认为,如果结果是好的,那么过程中即便有什么不太理想的状况,他们也是能够接受的。例如为了掩护大部队的撤退,我们可能需要牺牲极少数的队伍成员,让他们为全体殿后。如果最后大部队能安全撤退,并保存战力,那么就结果来说,少数人的牺牲

还是可以接受的 —— 当然你可能会想到七伤拳（金庸武侠小说《倚天屠龙记》中崆峒派的武功）那种"伤敌一千，自损八百"的惨况。可是就结果来看，只要获胜了，惨胜的代价还是可以接受的。

　　如果我们把必要之恶放在感情当中来看，那么必要之恶可以被认为是选择必须付出的代价。这种状况在限定两人的爱情世界里比比皆是。偶像剧中，男主角最后如果跟女主角在一起，那么喜欢他的女二号只能失恋。假设男主角跟女主角在一起是我们期望的结果为 A，那么必要之恶就是女二号必须要失恋，后者作为结果 B，是结果 A 必然带出的附属状况，是我们可以接受的发展。这就是必要之恶的例证。反过来说，虽然必要之恶存在，却不是我们主动期望的。"男主角跟女主角在一起，所以女二号失恋"，"女二号失恋"这个必要之恶不是我们主动愿意的；但如果"男主角为了让女二号失恋，所以跟女主角在一起"，这里的"女二号失恋"的必要之恶就可反过来证明男主角的不道德。我们在许多恋爱动漫中其实可以看到，当诸多女孩喜欢男主角时，最后无论他怎么选择，势必会有许多女孩失恋，而支持其他女生的观众可能会因此伤心或暴跳如雷。不只是在感情世界中，在我们的生活中亦有各种在选择之后不得不为的产物，或者是必然的结果 —— 就像是为保护生命而去掉某器官的手术，或是为了工作赚钱得牺牲某些想要的娱乐。但无论如何，我们总是能依据天性进行某些特定的选择。

你或许会觉得，这有什么了不起? 我们都知道啊。但对边沁或穆勒来说，这可不是一件简单的事。因为在他们提出效益主义的主张以前，还没有人能将这个主张说清楚。

边沁主张的婚姻法

边沁与效益主义关系密切，一提到效益主义，我们就会联想到他和穆勒。

虽然边沁在 1832 年已经过世，但你现在还能看到他本人，不是画像，也不是雕像，是货真价实的本人。他死前留下遗嘱，要求将他的尸体整理后放置在由他创办的伦敦大学学院（University College London）的回廊上。如果你到那里就可以看见他（虽然他的头因防腐失败改以蜡作代替）。

边沁虽然没有结婚，却将关于效益主义的主张应用在与婚姻相关的法律上。他曾在 1780 年间起草了一份法律文件，其中包含与婚姻相关的条文，这些文件后来由他的朋友杜蒙（Étienne Dumont）出版。如果我们看过他写的法律条文，就会感受到他希望通过效益主义，让大家在婚姻上都能获得最大的好处。

当边沁在思索婚姻的法律时，他的想法是，婚姻是种"如人饮水冷暖自知"的行为，不管你在肉体上还是心灵上，对婚姻感到快乐或是痛苦，那都是你个人的感觉。所以若是今天要用法律来控制社会婚姻，所做的也只是在合理范围内控制个人的手段，至于个人对婚姻的"感觉"不在法律的管控之中。若想用法律管控制度，边沁认为效益主义是一个理想的主张。首先，男女结合确实能带来快乐，所以政府应当让这种快乐在社会实践上的成效越高越好。为此，与婚姻相关的法律在设计上必定要能确保婚姻的幸福，因为婚姻契约是法律规范的关系中最重要的一种。与之相反，任何会阻碍婚姻快乐的事物都是邪恶的。所以政府在设立关于婚姻的法律时，必须尽可能让最多的人享受到婚姻带来的快乐。虽然他也承认，这可能会带来强制性法律在执行时发生痛苦的必要之恶。

边沁建议，如果《婚姻法》成为对社会大众有强制力量的法律，那么一夫一妻制对社会是大有好处的。边沁在这里可能

回想起了他的哥哥，他的哥哥在有婚外情的情况下生了 3 个女
儿，并且这种情况给他的哥哥带来了一定程度的痛苦与烦恼。
可能有人会说："适当的偷吃有助于婚姻的幸福。"对边沁而
言，这正好就是"婚姻的悖论"——婚姻的幸福与性生活的满
足彼此矛盾，尤其一夫一妻制的婚姻限制了人们在性伴侣上的
选择自由。但是他相信，这种限制带来的好处远超过因为限制
性生活而带来的痛苦，特别是避免夫妻间因为忌妒、冲突甚至
滥交带来的弊端，也能保护男人、女人，甚至是孩童的权益。

以社会整体利益考量婚姻

　　边沁确实主张以一夫一妻制为婚姻的基础，他也相信此制
度能杜绝其他所有可能的婚姻形式，尤其可以避免乱伦的婚姻
（这在边沁所生活年代的欧洲贵族中是挺常见的）。不过，千万
不要因为边沁坚持一夫一妻制，就认定他是一个保守传统的
"卫道人士"。他始终考虑的是对（当时）社会最好的选择。例
如，他认为，若我们仔细观察，就会发现有些国家在关于婚姻
法律的制定上，呈现出"越柔性就能带来越多幸福"的倾向。
所以他主张，婚姻契约应该被执行，但不可太过严格，睁一只
眼闭一只眼反而对婚姻有帮助。边沁确实认为，若夫妻的任何

一方违反一夫一妻制应该受到惩罚，但惩罚方式以谴责为主，而非对身体施加处分。

我们再三强调，边沁的所有考量都是出于最佳利益的角度，下面以两个例子来说明他如何看重社会的最佳利益。例如 1786 至 1878 年，他前往俄罗斯拜访自己的兄弟后，提出巨大圆形监狱的概念，这就是被后世称为"全景监狱"（Panopticon）的管理方式。狱卒可以通过中央监视塔的方式，有效监管所有犯人，即通过少数管理人员管理庞大的囚犯人数。另外，为了节省开支，边沁还提出让囚犯当劳工的想法，以增加监狱的收入——这种把犯人当作劳力，收入贴补监狱支出的概念，在现代电影或监狱管理中是很常见的观点，但在边沁的年代这却是一种创举。可惜，边沁的计划在当年因地主及贵族的反对而作罢。除监狱外，边沁对无家可归者也有特别的观点。他主张，无家可归者应该被集中管理，每日给予适当的劳务工作赚取生活费。他另外特别规定拥有某些特质的人必须集中，像既是无家可归者又年老的女人就应该被单独关在一起。确实，这个想法对女性有偏见，但请特别注意，他是以管理上的方便，或是以社会整体的最佳利益去考虑的。

就因为边沁是以社会整体利益去考量，所以他对其他与性

或婚姻相关的意见着实和当代格格不入。像是边沁曾有意提出
临时或短期婚姻契约，以解决当时离婚不易的问题。另外，像
性工作者，这些人的存在是不争的事实。边沁虽然认为这种工
作不妥，但并未特别非难，因为他清楚自己所属的那个时代，
从事性工作的女子多半是因为贫困，且当时的社会事实是，接
受救济的女性人数多于男性。他注意到，性工作者在当时带来
不少社会问题：例如性病传播、父不详的孩子，甚至出现杀害
儿童或堕胎的举止。所以边沁对性工作者问题的解决很务实，
例如设立幼童专门医院，好收留那些被抛弃的孩子；另外也应
当通过节育来减少贫困的问题；性工作者可以通过加入国家设
立的工厂，获得生活所需。既然性工作者的产生与经济问题息
息相关，若能找到合适的工作，他相信从事性工作的女性数量
将会减少。为此，他提出另一种形式的禁令，即立法禁止男性
从事某些工作以保障妇女的生活。

爱上有夫之妇的哲学家

总体来说，边沁在许多主张上都令人敬佩。别忘了他身处于 18 世纪那个男女不平等且礼教吃人的时代。你可以怀疑他将效益主义应用在政策与法律制定上实在太过梦幻、不切实际。但穆勒却是真的将效益主义实践在感情生活中，让我们看到爱真的可以通过寻求效益最大化而得到幸福。穆勒曾经是边沁的秘书，他也支持并主张效益主义。和边沁不同的是，穆勒结婚了，不过这段婚姻颇具戏剧化，因为他爱上了有夫之妇。

穆勒的妻子是哈丽特·哈代（Harriet Hardy）。哈丽特 18 岁那年就和丈夫泰勒（John Taylor）结婚了，婚后生下 3 个

孩子。1831 年，她和穆勒首次碰面，因为她的丈夫知道妻子
关心女权，也知道穆勒主张男女平权，所以特地邀请穆勒到家
中共进晚宴。哈丽特此时早已被穆勒深深吸引，即便此时穆勒
只将她视为学术交流的对象。18 个月后，穆勒写了一封情书
给哈丽特，哈丽特立即决定两人不要只是"友达以上，恋人未
满"，而是应该更进一步。在这期间，他们无话不谈，包括婚
姻、分居甚至离婚等相关议题。由于泰勒见两人关系过分密切，
已不可扭转，在 1833 年，同意与哈丽特分居，让她只身前往
巴黎。尽管哈丽特深爱着穆勒，却仍对丈夫感到十分愧疚。而
且这事很快就传开了，她承受着不少舆论压力。

隔年，哈丽特回到伦敦，住回自己的家中。在这期间，穆
勒常来拜访她，也会带着她与孩子们一起旅行。为避免节外生
枝，哈丽特没有离婚，直到 1849 年丈夫过世，这段婚姻才算结
束。丈夫虽然过世了，两人为避免落人口实，硬是多撑了两年
才结婚。对穆勒来说，哈丽特是对他帮助极大的另一半。特别
是在反对家暴、维护女性权利、男女平权的事上，哈丽特是他
能一起讨论与思考的伙伴。可惜他们的婚姻仅维持了 7 年——
不是因为七年之痒，而是 1858 年穆勒因病过世。

对女性权利的维护，我们必须给穆勒记上一笔大功劳。在

那个年代，男人对女人充斥着各种各样贬抑的说法。如果你忘了那个时代男人有多么瞧不起女人，可以往前翻几页复习一下叔本华怎么谈论女人。你要知道，穆勒可是继亨利·亨特（Henry Hunt）后第二个主张应该给予妇女选举权的人。穆勒质疑，同样都是人，凭什么女人在法律上要完全从属于男人？他还更进一步思考，为什么在他所属的时代，所有女性与绝大多数男性一出生，其奴隶的职业技能就要点到全满？穆勒主张，这些观点全是错的，都是阻碍人类进步的元凶。你可能很难想象，他写了一本《妇女的屈从地位》（*The Subjection of Women*）来论证女性应当拥有和男性相同的地位。在书中，他主张，女性之所以受到压迫，是因为当时的社会存在性别歧视、限制女人受教育的权利等现象，以及糟糕的婚姻制度。如果想要改善这种状况，女人就应当得到解放，应该让她们受到完善的教育，才能建立起良善的人际关系。他进一步主张，政府应该修改继承财产的法规，让女性拥有保有自己财产的权利，也应当允许女性在外工作以获得独立的财务基础。

　　不论是在婚姻上，还是在对女性权利的维护上，穆勒都贯彻效益主义的主张。在婚姻方面，为了获得最好的结果（能和哈丽特结婚），即便其丈夫过世后，他仍持续忍耐两年才迎娶

心爱的女人（这是必要之恶）；在女性权利方面，穆勒则是为

了社会最佳的状态（男女平权以取得社会的整体进步），而与

当时保守的环境对抗（这也是必要之恶）。不论穆勒或边沁，

都让我们看到效益主义的主张切合实际需要。这样的切合不但

在他们的主张里，也在我们选择另外一半的考虑中。

用哲学理论择偶就是这么简单

　　我们在边沁那里看到他如何将效益主义应用在婚姻上，也从穆勒那里得知他如何用效益主义追到自己的另一半，确切地说，是如何将效益主义应用在自己的情感及婚姻，还有对男女平权的主张上。了解了效益主义的主张后，我们可以用这样的哲学主张来帮助自己，寻找适合自己的另一半。

　　根据效益主义的想法，我们可以建立如公式一般的参考条件，而且这种参考条件适用于所有人。既然适用于所有人，那么属于私人领域的因素则应排除，像是长相如何、身材怎样、年龄差等条件，虽然如边沁认为的这些可以为身体带来性爱的欢愉，但这都只属于"青菜萝卜各有所好"的私人领域。外形很难得出普遍化的内容，就算简化成普遍化条件也很难成为有价值的参考条件。排除这些容易因为个人因素产生改变的外在条件，效益主义对感情选择的建议至少会有这几点：

首先是个性。不知道你有没有特别喜欢的个性，"个性好"不算答案，因为我们没有办法定义什么叫"个性好"（念哲学的人总是会问如何解释或定义一个词）。不论你喜欢什么样的个性，记得代入必要之恶，把这样的个性颠倒过来，让优点变成缺点，就能帮助我们设想，这样的个性在争执或情感不顺时会如何？例如你想要的对象是爱老婆的男人，那其缺点可能就是会不断打电话给老婆，而且黏人又麻烦，这对于习惯独立生活的人或许就无法接受。

其次是门当户对。很多人看到这个词会觉得这是守旧、古板或悲剧的爱情电影（特别是平凡男女与富家子女的恋情故事），而忽略感情有时需要通过客观条件的接近，来降低婚姻失败的风险。三星集团的千金大小姐李富真和自己的保镖任佑宰就谈了场门不当户不对的恋爱，结婚之后，他们之间巨大的背景与家庭差异才真正显现出来。李富真在三星集团内凭借努力扶摇直上；任佑宰被迫前去美国学商学，两次自杀都被救了下来，他在强势的老婆面前抬不起头，最后两人只能以离婚收场。这里我要提醒你的是，效益主义并不是说，条件差异过大就一定不是真爱或不可能在一起，而是它需要克服的问题太多。那么你是否愿意付出更多努力来克服呢？如果你清楚自己做不到，不如为自己创造出最好的状态，或想办法避免最糟的情况，这才是门当户对的正面价值。

如果考虑过门当户对，也就是你考虑过生长背景或家庭状态，那么接下来你也可以考虑客观条件。和门当户对类似，客观条件差异越大，两个人需要付出的努力越多。在负面效益增加的情况下，感情失败的风险也会变高。我们这里所说的客观条件，包括学历、收入、职业类别，甚至国籍等客观的内容——这个比门当户对容易考虑。对方的国籍代表着不同的文化背景；又或者在一般状况下，收入高代表工作量可能较大；学历低则可能会影响你们的相处，甚至是争执时对事情的看法。

你可能会觉得，上面这些谈到的不是常识吗？有必要专门花时间写出来吗？效益主义的思想是很理性的，但身为人的我们却是很感性的。上面这些所谓的常识虽然看起来很普通，但也有无法应用到的可能。

幸福你享，责任我扛

　　虽然我们是从大多数人可以接受的角度来看择偶条件，但那些不在我们"大多数人"当中的少数人该怎么办呢？这个问题用比较哲学的术语来说，就是指个人 —— 群体之间的冲突与张力。

　　2014 年，有一部日本漫画作品《恋爱与谎言》（恋と嘘）开始连载。姑且不论这部作品后来的内容，它在设定上跟我们这里所说的效益主义确实有关。这部漫画假设日本政府通过大数据，为每个 16 岁的日本青少年匹配最合适的另一半，条件正是我们所提到的那些。如此举措可以让日本整个国家不论在优生保健或在降低离婚率（减少社会成本）上，都能获得最大的好处。我们来假设，如果你生活在这个世界中，你能接受被安排且受保证的幸福吗？

很多人的直觉可能是：不要，因为这样我就会失去爱一个人的自由。这就是效益主义可能存在的问题，因为在个人与公众间存在着复杂的关系。我们常在戏剧中看到家族长辈为下一代决定婚姻大事，死心塌地的女主角即便知道，为了两个家族（或国家或企业），她必须嫁给男主角，但她还是愿意牺牲自己的一切，成全家族长辈的期望。当我们感慨女主角怎么这么傻的时候，似乎忘了，按效益主义的想法，这样的婚姻若能促成两个家族的最大利益，那么牺牲幸福似乎是合情合理的。我们也常沉浸在戏剧中而忘记，真正造成问题（或牺牲了女主角）的人是那些自作主张为子孙后辈下决定的长者（们）。长辈感到幸福，却将不幸福的责任交由后辈男女主角来扛，这还真的是"高兴到你，苦到我"的最佳写照。

不论如何，效益主义总是相信我们具有理性，可以做出最好的安排或评估——纵然刚开始恋爱与交往一段时间后，两人在意的地方不同。不过，即便我们总是"当局者迷，旁观者清"，也能获知该如何抉择，哪怕结果不如预期。

第八章

平民娶贵族

——马克思

　　你有没有想过，你对另外一半的要求是什么？这个问题看上去像是在询问择偶条件，却也是在问生活在你周遭的朋友、家人们对这件事的看法，或是在问原生家庭对你有哪些期待。一般说来，我们对另外一半的要求，除了最基本的以外（最基本的大概就是可以一起打拼，或期望家庭背景相近），其他的大概都与个人喜好有关，无对错之别。事实上，我们选择对象的条件会受到社会文化的限制。上学时，当你说喜欢的人是某某时，可能会遭到众人嘲笑；大家会批评对方的长相，或觉得那个人有缺点。这时，你还会继续坚持你的情感吗？在社会工作之后，你和另一个人谈恋爱，如果他为了坚持自己的理想，长年收入不丰，你会默默支持他追逐梦想，还是要他早日认清现实呢？这些问题在马克思与燕妮（Jenny Marx）这对夫妻身上都出现过。他们是平民娶贵族的爱情，为了坚持理想而被迫背井离乡。这一故事的结局既美丽又悲伤：当两个人七老八十时，仍维持着如新婚一般甜蜜浪漫的婚姻。当燕妮早马克思一步离世时，他整颗心都碎了，直到过世前，都还未走出丧妻之痛。

颠沛流离却至死不渝的爱

我们这里说的马克思，就是提出"马克思主义"而大名鼎鼎的马克思，他的友人就是著名的恩格斯（Friedrich Engels）。我们都知道马克思主义对后来世界产生的影响甚大，却不知道他和妻子燕妮的故事竟然如此浪漫。马克思于1818年5月5日出生于德国特里尔（Trier）。年少时，马克思就和大他4岁的燕妮相遇——青梅竹马加上姐弟恋，这简直就是爱情故事的专属开头。

不过这里埋了一个伏笔：燕妮的家世显赫，她是贵族之后。燕妮的祖母是苏格兰贵族，父亲是当地的政府参事，加上父辈家族曾有人以公爵的战争参谋身份陪同贵族出战，因此，燕妮自小就有许多人上门提亲。相较之下，马克思不过是一个中产阶级的儿子，两人在身份上一开始就有落差。相遇后，因为皆有良好的阅读背景与文学素养，双方很快就被彼此吸引，进而变成亲密的朋友。当马克思说，他认为燕妮是特里尔最美丽的女孩时，他已经深深地爱上她了！马克思 18 岁的时候就和燕妮订婚，23 岁取得学位时，便想把燕妮娶回家。但考虑到日后生计问题，他们仍过了两年才结婚。

燕妮嫁给马克思，受到了家里很大的责难，要知道这桩婚姻可是贵族下嫁给平民。日后，两人的婚姻受到相当程度的攻击，尤其在他们经济困难时，双方家族竟没有任何一个人愿意支持这对年轻人。特别是女方家庭，毕竟对他们来说，这太丢脸了。燕妮有很长一段时间"身不由己"，必须依靠马克思能否留在某个国家，或是否会被驱逐出境，才能决定她接下来要住在哪里。

让我们来看看这家人四处流浪与被驱赶的历史吧！这样你就会发现燕妮的伟大。1843 年，新婚的马克思接任巴黎激进左派报纸的编辑，同时也不断发表对欧洲贵族或资本主义的批判。由于他发表的文章批判力极强，最终报社关闭。还好，隔一年，他认识了恩格斯，两个人惺惺相惜，成为终身好友，且合写了《1844 年经济学哲学手稿》(*Economic and Philosophic Manuscripts of 1844*) 这本书。由于普鲁士国王不喜欢马克思，遂对法国施压，最终法国政府决定将马克思驱逐出境。这时候，燕妮已经怀有身孕，她只好带着女儿独自旅行，顺道回国探望母亲。

1845 年，马克思一家人移民到比利时布鲁塞尔 (Brussel) 暂时落脚。比利时政府同意得很勉强，是在马克思答应"不发表任何与当代政治有关文章"的前提下，才允许他带家人搬迁过来。马克思确实没有发表"与当代政治有关的文章"，而是在 1848 年与恩格斯发表了著名的《共产党宣言》(*The Communist Manifesto*)！马克思住在比利时期间，除了他去伦敦考察可用的学术资料还在政府可接受的范围外，其他像是他跟流亡的社会主义支持者保持联系，还有他支持比利时境内开展革命的工人团体等这些事情，早就让比利时政府对其恨之入骨。后来，马克思竟然还出版如此惊人的作品，这岂不是造反了？比利时政府立刻下令驱除马克思——这次连燕妮也被布鲁塞尔警方拘捕，从比利时赶了出去。马克思、燕妮以及他们的孩子先是前往巴黎，又辗转搬到科隆居住。不过《共产党宣言》已经掀起欧洲革命浪潮，包括德国在内，许多国家爆发了革命。普鲁士当局将马克思驱逐出境。这次马克思一家人先前往法国，之后再到伦敦落脚。他们在伦敦待下来，其实也有些迫不得已，因为燕妮怀了第四个孩子。全家人无法进入普鲁士又没办法回到比利时，只能在伦敦寻求庇护。

　　从一家人正式移居伦敦，到马克思与燕妮过世前，他们都未曾再因政治因素被驱赶而搬家。中间唯一的一次搬家，是利用燕妮母亲过世所留下来的一笔遗产，全家搬到比较舒适的地方。刚移居伦敦时，马克思全心致力于革命事业，家里经济困顿，主要是靠恩格斯的支持才得以度过这段时间。马克思以撰稿为收入来源，也因为能在报章杂志上发表文章，他接触到不少工人阶级的朋友。不过，他亦曾经历因经济与销售的影响，编辑部缩减他稿件数量的境况。马克思在伦敦大量累积研究成果，且不断参与共产革命相关事业，包括 1864 年，他参加国际工人协会（即所谓第一国际）；1871 年，为声援因反抗政府并占领城市而遭到镇压的巴黎市民，撰写了《法兰西内战》（*The Civil War in France*）一书。1867 年，马克思更是完成了他最重要的著作《资本论》（*Das Kapital*，或称 *Capital: A Critique of Political Economy*，《资本论：政治经济学批判》）

和《剩余价值论》(*Surplus value*)。1870 年，俄文版的《资本论》卷一第一次印刷；1871 年秋天德文版《资本论》卷一第一版卖完，进入第二版。

在这期间，燕妮过得十分辛苦。她被迫流亡海外。丈夫租房子时，为避免被当局找麻烦，他们还得使用假名作掩护。其中有一段空穴来风的轶事。曾为马克思工作的女管家海伦生下一个男孩，取名为亨利（Henry Frederick Demuth）。但是因其出生资料上父亲一栏是空白的，所以有人认为，亨利的父亲就是马克思。虽然也有人认为，亨利的生父应该是恩格斯。这是段无法证实的轶闻，可能来自想要故意丑化马克思的人。

在 1881 年底，燕妮因肝癌过世，享年 67 岁。燕妮离开前的那段时间，马克思亦身患重病，但只要他早上起床觉得身体尚可，就会专程来到燕妮的房间，两人相处如热恋男女般甜蜜温暖。恩格斯知道燕妮过世后曾说"马克思也死了"——恩格斯清楚燕妮对马克思究竟有多重要。他们一起走过漫长的年月，燕妮是马克思最强的支柱，也是他的秘书。马克思因思路快、字迹潦草，手稿在送印前，燕妮会重新誊写一次。现在最爱的人离开了，马克思无法抑制自己的悲伤。他曾听医师劝告搬往较为温暖的地方居住，但不论到哪儿，他都无法忘掉燕

妮，也抑制不住自己的悲伤。这份悲伤一直到 1883 年 3 月 14
日才画下句号。那天，马克思也追随燕妮的脚步离开了。日后，
两人共同安葬在伦敦的海格特公墓。

马克思究竟有多爱燕妮呢? 用他的《给燕妮》(*To Jenny*)
诗中的一句即可代表 —— 该诗第二节，他以大写字句写下:
"爱就是燕妮，燕妮就是爱的名字"。

"社会符号学"的爱情

马克思与燕妮的爱情可歌可泣，不只是因为燕妮以贵族身份嫁给平民阶级的丈夫，为丈夫整理书稿或提供意见，成为丈夫的后盾等，也不只是因为她亲切接待支持革命的友人。燕妮与马克思的故事告诉我们，在神圣的爱情面前，所有社会阶级都是虚假的，而我们所谓的择偶条件很有可能是社会为我们建构的，却不一定是真正适合我们的特定条件。

你可能会问，爱情怎么会是社会建构出来的，难道我们没有自由吗？我们现在可是在自由恋爱的状态下选择自己想要的对象（那些因特定原因而被迫选择的不算，例如奉子成婚）。

或许我们现在有选择的自由，但我们自幼随原生家庭成长所产生的意识形态从未自生活中排除。就像是某些预设特定公式的偶像剧。女主角通常出自一般的家庭，父母开明，对孩子温暖且支持；男主角是高富帅，或许有怪癖但年少有为。双方因为某些特定缘故过着同居生活，或是从原先的彼此厌恶到相知，相惜，进而相恋。此时，前男友或前女友一定会回到他们的生活中，还因故造成严重误会。不过别担心，最终，男女主角从此幸福甜蜜地在一起。

当然，这些爱情故事并没有让我们看到"幸福甜蜜在一起"之后的真实生活。通常，电视剧的最后一集只会让我们知道男女主角步入教堂，殊不知进入婚姻才是真正生活的开始。清朝文人张璨在《手书单幅》中这么说：

琴棋书画诗酒花，当年件件不离它；

而今七事都变更，柴米油盐酱醋茶。

我们心中的美好爱情，其实都是社会建构出来的特定观念。如果以婚姻或感情作为社会符号，这个符号就会因着社会大众所接受的观念，产生改变而有所不同。

按照"社会符号学"的主张，我们使用的任何符号都不能离开社会背景，任何符号都是在生活实践中被提出与被应用的，这些实践与应用会回过头来影响我们在生活中的选择。社会一方面希望我们可以拥有美好的婚姻，让我们期待与另一半白头偕老的可能；另一方面又回过头来强调绝对的个人自由，强调个人权利的绝对优先。从这个角度看，我们的社会对爱情没有共识。

年夜饭的"求生指南"

　　你可能会觉得我太夸张了！但其实这种没有共识的问题，就是在年夜饭的饭桌上引爆你和长辈间冲突的原因。快过年时，你总会想着，今年可不可以不回家？或是不要被问那些既没营养又没礼貌的问题，尤其是像"有对象了吗"这种令人咬牙切齿的话题。很多人不满的原因是，过往念书求学时不许我们交友恋爱，为何现在又反过来询问我们有没有对象。为了对抗这种"男大当婚，女大当嫁"的观念，逢年过节，社交软件上就会出现各种梗图，教我们如何用恶搞的方式来应对这种情况。

　　社会对于感情唯一有共识的时间，可能就是在大过年的时候，当所有人聚在一起提这个问题。为什么过年一定要问这个问题？因为"符号——社会"间的关系比我们想得要更为强大。所有的符号在传递意义时都与社会的意识形态有关。光是用字遣词，我们就可以感受到阶级间的差异性。例如，不论是在信件还是口语中，当我们在中文里使用"你"与"您"的时候，在意思上均表达出一种特定的权力关系。你的年夜饭为什么会吃得如此痛苦？正与这样的用语有关。

　　我们可以来试想一下，你在吃年夜饭时可能会遇到的不愉快场景。当你走进饭厅或餐厅，被长辈指定坐在某个座位上——当你被指定要坐在何处时，阶级就已经被划分出来，长辈们也预设了你的身份。开始吃饭后，长辈们开启了"我问你答"的游戏模式，当你被那个令人不悦的长辈询问"有对象了吗"，此时如何回答将变成权力斗争的可能性。不论你回答"有"或"没有"，你们在这个问题上始终没有交集。你可以这样假设：如果你的长辈只是很单纯地想问问题，只是很单纯地想知道你的近况，那么即便你不开心，严格来说，他就只是想知道某件事而已。你可能觉得被冒犯，或是脸上无光，但无论如何，这还称不上是阶级对抗；但是如果长辈用带有压迫性或权威性的语言来询问，"阶级对抗"的状况便出现了。

现在你的长辈发问了,却明显带着压迫的性质:"有对象
了吗?如果有怎么不带回来给大家看看呢?你妈还等着抱孙子
啊!"如果你说"没有",你将会听到:"怎么到现在还没有对
象,你爸还等得了吗?"很多人听到这些会立刻联想起不好的
事情。那一段段被羞辱的谈话中不好的记忆来自你们对话间的
不平等。长辈发问时,不论是用肯定或是疑惑的语气发问,都
在表达作为长辈的绝对权力。他们的一句话或一个问题都会需
要我们花费极大力气去解释、去说明,却还不一定能说服他
们。渐渐地,我们不再说话,也不再表达意见,只是在一旁静
静地被长辈数落。此时沉默的一方是表达权力被剥夺的结果。
用比较专业的术语来说,就是对话过程中权力与话语的多寡成
反比。

如果想要在这样的对话中全身而退,你唯一的选择就是不
要把自己绕入跟他一样的逻辑内容 —— 你可以选择顾左右而
言他,可以跳过此题回答别的。这些语言及回答都和我们对自
己的身份认知有关,也和这个社会(还有表现出来的意识形态)
有关。这种对话不只体现在爱情方面,还体现在政治倾向、工
作取舍以及生活中的每一个层面上。

你条件到底开好没？

上面这些内容，都是用最简单的方法来表达社会符号学的主张。社会对我们日常生活符号的运作与使用有一定的影响，它给了我们对使用符号的权力，以及确定这些符号究竟具有何种意义。

当社会将婚姻或爱情视为一个完整的过程或故事时，我们实际经历的爱情其实就只是一个又一个的片段，或一个又一个的故事。除非我们注意到其中的差异，或那些看上去理所当然，其实并非如此的条件与要求，否则我们就是接受社会原则给予我们的，在生活实践上已约定俗成的规则。这也是为何我们总是会听闻或谈婚事的过程中双方不欢而散，甚至最后连婚也结不成的事情，因为那些规定总是干扰我们；在新闻中，我们也会看到，有些家长开出不可思议的婚约条件，让结婚的当事人吓得上网提问这是否正常。从择偶条件开始，我们就受到社会规范的制约，甚至到要操办婚礼，我们还是无法摆脱这些经由社会产出的限制或规范。那么我们确实有反省过自己的择偶条件了吗？还是我们仍想继续顺着那些不切实际的幻想，以及身边亲友给出的那些无用建议走呢？

在这篇文章即将结束以前，让我们再问自己一次：我选择另一半的条件是什么？那样的条件真的就是我喜欢的吗？还是我们其实不自觉地复制了上一代教给我们的，那个名为"阶级"的东西。

第九章

感情生活异常丰富的哲学家

——罗素

　　我们羡慕那些携手一辈子，直到白头的老夫老妻，也想和他们一样从一而终。从现实来看，面对婚姻的破碎，若基于外遇、个性不合或夫家娘家有问题而离婚，我们会劝当事人下一段会更好；若两个人是因生离死别而分开的，我们也会劝朋友应当放下，敞开心胸接纳另一个人。但若有人一生结婚4次呢？你会不会觉得怪怪的？这章要谈的哲学家罗素，他一生结了4次婚——前3次都是离婚收场，第4次没离婚是因为他过世了。

四次结婚，被称为"肮脏的伯蒂"

英国哲学家罗素诞生于 1872 年。他在哲学与数学上的成就极高，分析哲学与符号逻辑与他有着密切关系。他与老师怀德海（Alfred North Whitehead）出版的《数学原理》（*Principia Mathematica*）影响了日后数学的发展；他与分析哲学的重要哲学家维根斯坦（Ludwig Josef Johann Wittgenstein）之间的友情和决裂也影响到分析哲学发展的理论与进程。不过，除了在学术方面有极为活跃的专业表现外，他在情感与婚姻方面也有惊人的故事。罗素的爱情故事很复杂，如果不用编年史的方式一条一条依据年代或人物分条列出来，讲到后面你大概根本无法弄清楚谁是谁了。所以只能请你见谅，接下去你可能会觉得罗素的恋爱故事过于混乱，但要厘清罗素有多少恋爱对象本身就是一件混乱的事。

让我先从他的第一任妻子说起。罗素的第一任妻子是艾丽丝（Alys Pearsall Smith），两人在罗素18岁时相遇，而后热恋，那时是1889年；5年后，两人结婚。罗素的第一段婚姻维持到了1901年，他觉得自己不再爱艾丽丝了，加上他不喜欢控制欲很强的岳母，所以这段婚姻看上去差不多就要完结了——不过他们还多撑了一段时间，直到1921年才离婚，罗素结束了第一段婚姻。

1901至1921年的20年间，罗素虽仍与艾丽丝维持着婚姻关系，但他们的婚姻早已名存实亡，两人是在分居中度过的。在这期间，他与莫瑞尔夫人（Ottoline Morrell）有了婚外情，借由大量书信来往维系爱情。顺道一提，与莫瑞尔夫人的婚外情是导致罗素与艾丽丝分居的主因之一。不过罗素的爱情对象不只莫瑞尔夫人。与此同时，他也和女演员莫莉森夫人（Lady Constance Malleson）交往，因为两人都主张和平，反对战争而惺惺相惜。罗素与莫莉森夫人在1916至1920年之间（公开）交往。是的，这时候，罗素还没离婚！与莫莉森夫人交往时，他鼓励莫莉森夫人应该要积极发挥她的文学造诣；莫莉森夫人也听从其建议，从事文学创作并发表短篇小说。由于双方对要不要生孩子这件事产生了分歧，两人在 1920 年分手。[多年后，莫莉森夫人将罗素送给她的物品卖给了麦克马斯特大学（ McMaster University ），以利于学界对罗素进行研究。] 除了莫瑞尔夫人与莫莉森夫人以外，罗素可能还有一些并未被发现的，且同时进行的恋情，例如与著名文学家艾略特（ T.S.Eliot ）的第一任妻子薇薇安（ Vivienne Haigh-Wood ）的恋情。总之，从与第一任妻子分居到离婚前，罗素始终保持着他丰富且活跃的感情生活。

罗素与艾丽丝两人离婚的目的是让罗素能够再结婚。也是在两人离婚的这一年，罗素 49 岁，开始了他的第二段婚姻。他的第二任妻子是朵拉·布莱克（ Dora Black ）。两段婚姻无缝衔接，其实，这段婚姻早在 1919 至 1920 年就已有先兆，那时他们已经开始交往了（你可以算算看，1920 年他同时与几位女性交往）。朵拉是一位女权主义者，不论气质或学识都与罗素十分般配。不过，朵拉一开始拒绝了罗素的求婚，因为她认为规范婚姻的法律，只是助长女性在父权社会中被迫屈服的风气罢了。如果社会规范可以约束一对夫妻，那也是因为这对夫妻已经成为父母,需要养育孩子,才要受到社会规范的约束。我们应该对她在婚姻与性道德方面的前卫态度不意外,例如她认为无论有没有结婚,都可以因为两情相悦而进行性爱;她也主张女人应该被充分告知自己可以避孕,以及能采取哪些避孕措施——那可是在 100 多年前,社会风气尚称保守的英国,所以她的主张自然受到攻击与反对。巧合地是,在这期间,罗素因为参与反战示威活动遭到剑桥大学开除。两人决定要来个大反攻,首先是罗素积极开展节育运动,成立工人生育控制小组;同时朵拉参与工党竞选,提出开设计划生育诊所的政见。夫妻两人共同建立了一所教育实验学校:灯塔山学校(Beacon Hill School),帮助儿童免受迷信与不理性的传统束缚。罗素同时出版了《保护儿童》(*Defence of Children*)书籍,来阐述朵拉的教育理念。

但是,罗素的第二段婚姻还是结束了。当时他与一位美国记者有了婚外情,基于报复,朵拉把这事抖了出来,两人的婚姻告吹。1936 年,罗素 64 岁,娶了第三任妻子帕翠亚(Patricia Spence)。他和帕翠亚早就认识。帕翠亚曾担任罗素与朵拉孩子的家庭教师。婚后两人也生了一个儿子。1939 年,当罗素搬到美国准备任教时,美国法院判定罗素在道德上无法胜任教授职位，不允许其到学校聘任。最后罗素只得回英国，并任教于剑桥大学三一学院（Trinity College，Cambridge）。

罗素的第三段婚姻从 1949 年开始出现严重裂痕，那时两人之间常爆发激烈的争吵，吵到二人分居。这段婚姻的时间比较短，两人于 1952 年离婚。然后，罗素以 80 岁高龄娶了第四任妻子芬琪（Editess Finch）。这位芬琪不是别人，正是罗素第一任妻子艾丽丝的朋友的室友。芬琪是美国人，早在 30 年前，她就跟罗素认识了。芬琪嫁给罗素后，两人的婚姻维持到 1970 年，那年罗素过世——他终于不再离婚了。

正因为罗素的婚姻与感情生活过度活跃，所以他被戏称为"肮脏的伯蒂"。当你的名字被冠上"肮脏"二字时，你可以想想自己到底是哪里有问题。

论婚姻与道德

　　虽然罗素著作等身,但既然我们要谈哲学家的爱情故事,以及他们怎么理解爱情或婚姻,那我们就专门看看罗素在1929年出版的《论婚姻与道德》这本书吧!这本书的内容虽专门讨论了婚姻与道德的问题,却是以批判他那个时代的婚姻观念为主。出版这本书的时候,他正处于第二段婚姻中,和朵拉这位女权主义者在一起生活。或许是这个因素,这本书中提到的部分观念即便在现代仍显得大胆。我们可以想见,这本书在当年会受到多少谴责与批判。罗素自己也很清楚,既然要走在时代的前端,当然要面对保守势力的攻击。即便如此,1950

年当他因为这本书与其他作品获得诺贝尔文学奖，并获邀前往瑞典受奖时，他仍然充满惊讶与担忧。他想起，300 年前，笛卡儿（René Descartes）曾前往斯堪的纳维亚半岛并病死在那的过往——笛卡儿当年为了逃避因为自己的哲学主张可能遭到的迫害，而接受瑞典女王的邀约，前往斯堪的纳维亚半岛为她讲授哲学，无奈因天寒地冻加上水土不服，笛卡儿因肺炎过世（瑞典女王为此还曾自责不已）。

我们并没有要将这本书通篇进行摘要或为读者导读，尽管这本书有中文版，而且全书篇幅不长。罗素在书中对性道德、婚姻与家庭提出许多在当代仍足以令保守势力震撼的主张。简单来说，罗素认为，不论是性道德或是家庭及婚姻的观念，都跟时代及社会有关，这一切不过是在不同环境下，不同的实践结果而已。你可以想见，罗素会认为性的伦理其实是不断在挑战中发展起来的；但你可能很难想象，罗素认为苏联时代是唯一一个以理性考量决定性伦理与制度的国家，虽然其制度也并非完美无缺，但怎么样都比欧美好。这本书里有不少主张正好构成情感与婚姻的一系列发展——从观念、同居到婚姻及离婚，罗素都有他独到的见解。

我们很清楚婚姻和性道德这些议题彼此相关，可是为什么

相关呢? 罗素认为, 这些主张与其说是为了保护女人, 不如说
是为了男人那点可悲的尊严。现代社会有很多观念其实都是父
权社会保守态度下的产物。许多理所当然的规则或态度, 其实
也都验证了我们还习惯于父权社会的思维。

因为身处父权社会, 加上独占欲望的强烈, 性被逐渐污名
化。一讲到性, 世人都会觉得这就是肮脏污秽的东西。但是罗
素认为, 若没有充足的性知识就结婚, 再加上两个人都被浪漫
爱情冲昏头, 不过就是在幻想中结婚而已。罗素说美国人就是
这样, 将婚姻视为浪漫的过程, 他们制定的法律和风俗皆以未
婚女子的梦 (幻) 想为基础, 结果根本没见到什么幸福婚姻产
生, 反倒是一堆人离婚:

婚姻是远比两个人相伴之快乐更为严肃的大事。它是一种
制度, 由于生儿育女的事实, 形成社会一部分中亲密无间的组
织; 它所具有的重要性拓展, 要远在夫妇间的个人感情之上。
这或许是好的——我认为这是好的。浪漫的爱情应该是形成
婚姻的动机, 但是我们得懂得, 那种能够使婚姻维持幸福并完
成它的社会目的的爱情, 并不是浪漫的, 而是更为亲密、更富
亲情和现实性的。(《论婚姻与道德》第六章)

　　不过，罗素也并非认为有性就可以解决一切，他也指责所属时代性道德的每况愈下。过往因为戒律或道德规范而受到限制的女性在拿到需要的权力后，其天性被彻底释放。这些要求权力的支持者，过于急躁地将过往男性拥有的权力直接加在女性身上，产生的结果已经到了"我全都要"的地步。毕竟过往道德只要求女性贞洁，对男性毫无要求，一旦直接套用就在忽略差异的情况下产生混乱。除了权力一把抓的局面，女人还可以在没有相对应的知识下，随意使用避孕药。罗素认为性道德的建立不是只要求要有道德，还要有相对应的知识。罗素撰写《论婚姻与道德》的年代，性知识仍然保守，所以与其压抑不如纾解，与其禁止不如适当开放。毕竟性冲动是人的天性，再怎么阻止，人还是拥有类似的欲望。因此，正确教导性知识比围堵或愚民政策要好得多。

在婚姻中恰当表达自己的爱

多数人都有性的需求，也会有爱情的需要，所以对于绝大多数人来说，结婚都是必要的。

很多人不想结婚，也举出很多不愿结婚的理由。不过罗素都让有这些理由的人们一一"打脸"。例如有人认为，爱情会让人失去自我，一旦恋爱了，自己就会因为顺从对方而失去主见，甚至变得不再像自己，无法保有原本的个性（很像"有异性没人性"的感觉）。问题是，生命既然要与世界接触，就不可能保持自己的绝对独立。如果爱情只是占有，那就失去价值了。若你真的爱对方，就需要知道对方的情感和期望，并将这些当作是自己的来看待。如果你希望自己的爱情有价值，你就必须敬重所爱之人。你不能只是一味地说爱对方，却不愿为对方做出任何改变。

有人则抱着想要事业有成再来结婚的想法，罗素认为若想要等工作和经济上取得成功后，再谈感情，这是非常不切实际的。虽然我们的确会劝诫他人勿为感情阻碍事业发展，或在失恋时鼓励人要用全力冲刺工作，忘掉情伤，但罗素认为，为了事业放弃爱情很愚蠢，这样的人即便进入婚姻，在与妻子的相处上也无法得到满足，不论是在性爱或日常生活中都一样。罗素坦白地告诉我们，爱情是逃避寂寞的主要方法。你跟另外一个灵魂在这个孤独的世界上相遇了，总算能逃避这种因为寂寞带来的痛苦。结果两个人现在竟然在爱与性的结合上无法获得满足，那么这两个人要如何保有对世界的善意？如此一来，不就又伤害到了社会大众吗？

因此，罗素建议我们，接受爱与性是结合在一起的体验，并且在性方面温文儒雅地表达出自己有多爱对方。在禁欲与纵欲间取得平衡，在爱与性的结合中表达自己。

要结婚，先试婚？

　　虽然结婚可能是我们期望的，但结婚真的很难啊，而且婚后搞不好会因为各种因素离婚。纵使我们可以通过效益主义所提的方法或建议来挑选另一半，但罗素提出，我们可以通过试婚或同居来避免离婚。

　　罗素的主张是这样的，婚前性行为其实比我们想象的还要普遍。虽然民调显示婚前性行为的比例逐年增加，但罗素相信，人数比我们看到的还要更多，只是不好意思说出口而已。性既然是人类的天性，那么婚前性行为就没有我们想的那么糟糕。通过禁制反而会强化那些人们本来想要却受禁制的行为，倒不如用疏导的方式让这些受禁制的行为得到合理的舒缓。你看早年禁酒令的执行，有从此让大家不喝酒吗？不但没有，反而让私酒猖獗。所以与其禁止，倒不如让人有合理的抒发通道。如果你觉得婚前性行为有点不负责任，没关系，或许你可以考虑罗素提出的"伴侣婚姻"制度。罗素相信伴侣婚姻可用来解决许多因无法结婚而产生的问题，包括孩子、生活实际需求或是想要测试两人间合适与否。罗素在此提出著名的"买房"比喻：你不可能在买房交屋前不仔细观察房子，所以为何会同意未经尝试就决定与另一个人共度终生呢？

　　严格来说，罗素不是第一个提出伴侣婚姻或试婚概念的人，在他之前还有美国法官林德塞（Benjamin Barr Lindsey）。林德塞曾出版《伴侣婚姻》（*The Companionate Marriage*）一书，他主张，试婚中的伴侣暂时不应想着要孩子，因为还不知道两人未来是否合适。此时社会该做的，是将最合适的避孕方式告诉这对年轻的试婚伴侣，好让他们至少在性与节育的知识上有所学习。如果这两人最后没有孩子，也没有怀孕的问题，且双方都觉得不合适便可离婚，只是离婚不应当请求赡养费。林德塞的主张是，为了避免年轻人日后造成更大的社会问题，应该要先试婚一年，看看两人是否真正合适。不合就分，合则持续，再考虑拥有孩子的可能。

林德塞提出的建议，我们现在看来，似乎理所当然，但当时却引发民众抗议。最终他被赶出服务了 28 年的法院，并被认为是自毁声誉的最佳代表。罗素对此加以嘲讽，美国社会当时指责林德塞毁坏家庭的神圣性，且鼓吹不生育的婚姻，说他实在是个道德败坏的家伙。但这些反对者丝毫不在乎人类的幸福。罗素相信这种伴侣婚姻其实能为美国带来更大的幸福与利益，也能够解决青年放纵的问题，从而降低离婚率。总之，他认为只要不涉及生儿育女的性行为，其实都属于个人私事。而且自愿同居或试婚的人若不想要孩子，这也是这两个人的自由。

罗素强调婚姻需要理性

相爱的人会想结婚，即便不结婚也会想和爱人有很美好的性爱关系。但罗素不认为一夫一妻制的婚姻制度是一种坚固的制度，因为这种制度只是让妻子沦为丈夫的财产。罗素观察到，越是文明的人就越不能和一个伴侣拥有永久的幸福（他大概在说自己吧）。可能因为越文明的社会就会产生越多的比较，所以容易让人感到不满足。反过来说，如果有一个社会，未婚女子少，丈夫遇到美丽女子的机会也少，那么丈夫大概极容易暂时安于现状吧。

罗素也观察到，婚姻的另一个困难是义务的产生——如果两个人的爱情出于自由与自愿，这段感情就算是有价值。但如果两个人进入婚姻，就多出了爱情里没有的义务，这些义务将使爱情走向坟墓。所以罗素建议我们，应当学着控制嫉妒的情绪：

　　凡婚姻是以热烈的爱情开始，并生了可爱的子女，则夫妻之间应当产生一种离不开的感情，纵使在性的热情衰退以后，纵使有一方或双方对于别人产生了性的热情，他们还是觉得，在伴侣的情谊里，仍旧有一种无限珍贵的东西存在。这种婚姻上的醇美情感，由于嫉妒的原因而不能得到表现。不过，嫉妒心是一种本能的情感，只要我们不把它当作正当的道德，愤恨而视它为不良的东西，嫉妒心也是可以加以控制的。伴侣的交情经历了多少岁月，同甘苦，共患难，自然有其丰富的内容。不论初恋的日子多么愉快，也是赶不上伴侣交情的。时间能增加许多事物的价值，凡是能明白这道理的人，谁愿意将那般的交情，为了新欢就轻轻地抛下？（《论婚姻与道德》第十六章）

　　夫妻两人差距不大的婚姻较能长久维持。罗素认为这似乎与"比较"这个行为有关，此外，丈夫与妻子都不要幻想从婚姻中得到太过浪漫的爱情或幸福。社会习惯的规范，较容易助人避免所谓的不幸婚姻，因为大家都必须遵守一定的规范。

　　至于婚姻的状况，其不幸来自与文明的关系。如果所谓文明的男女都能比他们现在更开明，不幸就会消失不见。因为不受文明拘束的人会依循本能多夫或多妻，但是在道德控制下的男女却受制于宗教束缚。妇女解放运动也使婚姻变得更加困难，女人不再像过往婚姻中的传统角色那样迁就丈夫。此外，当女性在婚姻中产生所谓不贞洁的行为时，丈夫很难不去忌妒。

　　罗素认为婚姻作为合法的制度，在养育后代甚至在自然动物群体内都可以看见。因为这种制度的破坏与经济有关。在过往的社会里只有富人或酋长具有足够的经济条件，能够多娶妻生子以维持劳动力，离婚几乎是不可行的。

　　罗素认为我们应该适当给予对方自由。如果婚姻要成功，那么丈夫和妻子都必须了解，不管法律怎样说，在自己的私人生活方面，他们必须是自由的。这种自由建立在平等的心理与对彼此的不干扰，且在身体和心灵上能完全亲密，对于尊重的事物能有彼此相同的标准。很可惜，罗素的主张，我们在现实中很难做到，因此，离婚变成了一种选择。

罗素对离婚的看法

　　并非所有人都能在理性中维系感情，所以罗素主张我们应该增加更多可以离婚的理由，虽然他自己不认为离婚是解决婚姻困难的一种办法。

　　每个国家与地区都有对离婚的规范，可是有一些离婚的理由罗素实在看不下去。罗素不接受把通奸当成是离婚的理由，毕竟人类有性的冲动与欲望。他的理由是，婚姻既然限制了双方的权利义务，那么就应当给予对方一定的权限；只要夫妻间根本的情感没有动摇，就得容忍一方那些对其他人的性冲动，甚至是偶尔不小心的"偷吃"——这个理由感觉像是罗素为自己粉饰。

真的有合理的离婚理由吗？罗素认为有两个，一个是因为夫或妻一方面的缺陷，如精神错乱、嗜酒狂和法律上的犯罪；另外一个则是根据夫妻双方的关系而自愿离婚。罗素强调，离婚最好是双方都同意。不过，为了子女的幸福，婚姻的稳定也很重要，这才是他所谓离婚不能解决婚姻问题的原因。罗素认为我们应该区分婚姻，以及那些仅是性关系结合的差异，也要区分浪漫的结婚之爱及生物学上的结婚之爱。人在婚姻中不可能免除所需担负的责任，这些责任还包括克制自己的忌妒，并且适当地自制。

即便如此，罗素似乎还是在他的主观经历中，过度美化了性与婚姻的自由，忽略了爱情与婚姻带出的独占与忌妒的威力。他反对父权社会，但在他的婚姻故事中女性声音却是缺席的。他反对用离婚解决问题，但他离了三次婚，还被第二任妻子朵拉报复性地公开了他与其他女性的外遇。他将一切束缚归诸宗教，也把自己的理性当作是"普罗克拉斯蒂的铁床"（那个身高不对就通过锯脚拉长这两种方式去适应规范的希腊神话故事）。那么亲爱的读者，你认为一个人究竟能结几次婚与离几次婚呢？或者是，一个人能承受几次的结婚与离婚呢？

第十章

签订契约但不结婚的伴侣

——让-保罗·萨特与西蒙娜·波伏娃

　　有人认为，同时和许多个情人维系亲密关系并没有什么问题。即便结婚了也仍旧可以如此。当然，我们知道爱情与婚姻带有排他性，所以即便碰见这样的人，我们一方面羡慕一方面又想规劝对方。有的人认为，适当的"偷吃"或外遇其实可以增进感情的亲密度。但如果这样的事发生在我们身上，也就是我们的另一半与其他人保持超越友谊（或是只有性没有爱）的关系时，我们真的可以忍受吗？还是我们会愤怒到想要报复对方？

　　让-保罗·萨特（1905-1980）与西蒙娜·波伏娃（Simone de Beauvoir, 1908-1986）的故事正是这样的范例。让-保罗·萨特是法国存在主义重要的哲学家，他的《存在与虚无》（*Being and Nothingness*）是存在主义的重要著作。除哲学外，他还写了许多戏

剧与小说等文学作品。至于西蒙娜·波伏娃，她的《第二性》(*Le*
DeuxièmeSexe)批评婚姻，认为婚姻是社会强加于女性的恶心制度，让
她们受制于丈夫且形同奴隶一般。这两位哲学家从年轻时就与对方在一
起，但他们没有结婚，而是签订特定的契约用以维系两人间的伴侣关系。
你可能会觉得不可思议，没有结婚却可以维系那么久的伴侣生活。但这
样的生活，事实上需要牺牲不少第三者作为维系他们关系的祭品。

你以为契约可以解决一切吗？

法国作家玛丽莲·亚隆（Marilyn Yalom）曾经告诉我们，她在这对情侣身上观察到的现象。让－保罗·萨特与波伏娃可能是法国 20 世纪最有名的情侣，他们的关系持续 50 多年。有的人歌颂他们不受约束的爱情；也有不少人认为这种关系伤风败俗，使民众不懂得如何教导自己的小孩。玛莉莲属于前者，她说自己受到了这对情侣的启发，不论是情感上或是哲学思想上。玛莉莲就跟追逐偶像的粉丝一样，年轻时常到偶像出没的地方跟踪，希望偶遇心灵导师。正因着这追逐的因素，加上让－保罗·萨特与波伏娃之间情感的特殊性，她才能够陈述这对著名的情侣间发生的奇妙故事。

　　波伏娃与让－保罗·萨特通过 1929 年的一场考试相遇,那是法国高等教师资格会考的哲学科考试。如果通过了,就可在高中以教师资格任教。波伏娃很美,气质优雅大方;当时的让－保罗·萨特样貌不佳、身材矮小,不过他很有自信,认为自己具有过人的聪明才智。就在那时,让－保罗·萨特开始追求美丽的波伏娃,并告诉她,自己愿意用一生来保护她。虽然外表相差甚远,但是两人在灵魂中有太多的相似之处。他们都热爱自由,喜好文学;他们都不是喜欢或是自愿去当老师的,而是因为教书能给予他们固定的收入,支持自己未来成为作家;更重要的是,他们两个人都不想结婚和生小孩。波伏娃在知道一切后简直惊为天人,因为让－保罗·萨特根本就是她的翻版,完全满足她心中梦幻情侣的条件,而且让－保罗·萨特真的懂她!

　　通常遇到这样的人,我们若想留在彼此身边,通过结婚即可顺利达成。问题是若双方都不想结婚,那怎么做呢?他们两个想出了一个最简单的方法:签订契约,但不是步入礼堂,而是一种可被称为开放式婚姻的非传统契约。这份契约每两年签订一次——因为是非传统,所以让－保罗·萨特认为,他与波伏娃之间的爱情虽然是必要的，可是若能同时和不同的女人体会风流韵事也是个好主意。因此他们的关系得允许彼此在愿意维持长久关系的同时，亦能同意对方与不同的人（或性方面的伴侣）相处，从而体会各种短暂的丰富感受。且因为是契约，所以在坦诚相告的前提下，允许双方拥有自己的情人——包括新的性伴侣。

让－保罗·萨特与波伏娃相信，通过这种非传统的契约，他们可获得两人情感关系中最大程度的自由与信赖，也可以避开传统婚姻里出于忌妒产生的纷争与争执。当他们在一起后，基于相同的生活原则、理念与生活方式，他们的心灵契合在一起。而且基于这样的"契约"，两人在生前各种公开或私下的场合里都展现出令人羡慕的爱情——虽然两人在一起 10 年后就不再和彼此有积极活跃的亲密关系，但仍维持着必要的爱情。他们一起旅行，前往许多国家，与许多"二战"后的知识分子或政治领袖结为朋友。大家都相信，他们在这样的契约下维持着对彼此的爱情。

可能这时你会很开心地觉得：这种契约真好！但事实是，两人过世后，各式各样不在契约内的爱情一一出现。在他们的契约及感情背后，他们各有各的情人。即便他们维系着复杂的三角恋爱，或同时与多人在一起，他们还是坚持自己很爱对方。这些感情的存在，现在已被各种各样公开的情书与信件证实了。虽然有契约，但两人所允许的偶然性恋情，仍造成双方实质的各种忌妒。让－保罗·萨特自认并不是沉溺在感官享乐中的男人，但他还是一个女人接着一个女人不断地追求与更换。他追过波伏娃的学生奥尔加（Olga Kosakiewicz），失败后，又追求奥尔加的妹妹。1945 年，当让－保罗·萨特参加法国文化代表团，前往美国参访时，他与接待记者桃乐丝·凡内提产生感情，并有着亲密的关系。1946 年他人在纽约，写信向波伏娃表达自己的想念，以及自己如何爱着她——但他同时也告诉波伏娃，他与桃乐丝在一起时，被桃乐丝热情的爱给吓着了。波伏娃对这个第三者颇为不满，但是让－保罗·萨特的研究创作并没有受到波伏娃或自己感情的影响，即便他应该知道波伏娃非常火大。

一个波伏娃，两种身份

　　让－保罗·萨特的"拈花惹草"行为让波伏娃又紧张又忌妒，不过我们可别把波伏娃想成情感中的受害者哦，因为她自己也周旋在不同的情人之间。波伏娃的众多恋人中有一位特别有名，那就是美国小说作家内尔松·阿尔格伦（Nelson Algren）。他们的热恋展开于波伏娃美国之旅的芝加哥站——当时波伏娃以"最美丽的存在主义哲学家"身份拜访美国。当波伏娃与阿尔格伦热恋时，阿尔格伦已经是美国文坛的闪亮巨星。他本身就是一个很有故事的人。他在加油站工作过，在欧洲当过小偷（偷了打字机并离开现场，后被逮捕然后被关）等。

他的出身、背景与经历让他在日后写小说时，能对中下阶层有着深刻的描写。阿尔格伦从 1933 年开始逐渐崭露头角，一步步成为知名小说家。他最有名的小说是《金臂人》(*The Man with the Golden Arm*)，此小说同名改编的电影由好莱坞男明星法兰克·辛纳屈 (Frank Sinatra) 出演。波伏娃被这样一个有故事与文学才华的男人深深吸引，两个人迅速走到了一起，并共同观察美国底层社会的各样面貌。波伏娃和阿尔格伦在一起后，一直戴着阿尔格伦送给她的戒指。从 1947 年到 1964 年，波伏娃一共给阿尔格伦写了 304 封信 [这些信日后以《越洋情书》(*Lettres a Nelson Algren*) 的书名出版]。

当你阅读《越洋情书》时，将会看到一个完全不同的波伏娃。在《第二性》中，我们看到一个为女人发声的波伏娃，但在《越洋情书》里的她，却是一个愿意委身父权结构下的女人。当她深爱着阿尔格伦且不断写情书给他的同时，正在撰写《第二性》这本反对婚姻制度的学术论述。可是情书中的波伏娃却与阿尔格伦一度论及婚嫁——他们为彼此取了昵称——"青蛙妻子"与"鳄鱼丈夫"。在这些情书中，波伏娃称阿尔格伦为"亲爱的丈夫"，或是"我的内尔松"。他们丝毫不在意男人不会讲法文，而女人只会讲法国腔浓厚的英文。阿尔格伦就是想让波伏娃成为他的妻子，一个和他相守一辈子的女人。如果将两本书放在一起，你一定会不禁怀疑起爱情的力量，竟然可以让一个文思泉涌、逻辑清晰的人产生两个完全不同的人格，写下互相矛盾的文字。

爱情是美好的，但现实是残酷的。即便波伏娃深爱着阿尔格伦，她仍认为让－保罗·萨特需要自己，而始终不愿离开巴黎前往美国与阿尔格伦长相厮守。波伏娃期望阿尔格伦可以理解自己，但阿尔格伦始终无法理解让－保罗·萨特的存在对波伏娃究竟为何如此重要——这简直就是一出肥皂剧的剧情。对波伏娃与让－保罗·萨特来说，阿尔格伦正是那个不懂他们之间羁绊的局外人。阿尔格伦虽然也曾短暂前往巴黎，却始终无法适应那里的生活，最终回到美国。

两人通信时间极长，但横跨大西洋的恋情仅维系了 3 年。从现实角度来看，两个人并不适合，这不是语言差异的关系，而是更深层的背景问题。阿尔格伦在与波伏娃交往前，曾与第一任妻子阿曼达（Amanda Kontowicz）有过一段 10 年的婚姻。阿尔格伦与波伏娃的恋情结束与阿曼达有关。在与波伏娃交往 3 年后，阿尔格伦因为想回到阿曼达身边而与波伏娃分手。除了感情上的摇摆不定，阿尔格伦也是一个生活极不稳定的作家。虽然他曾写出畅销成名作且大享名气,但他在花钱、酗酒、赌博方面也毫不手软。当《金臂人》要被改编为电影时,电影公司曾邀请阿尔格伦到加州当编剧,但最终因理念不合,双方不欢而散。他亦曾自杀未遂,患有忧郁症,经济状况也因创作不稳定而起起伏伏。就此来看,阿尔格伦哪一点都比不上让-保罗·萨特——让-保罗·萨特创作量大且质量稳定,更是波伏娃的精神导师,而且两人在一起的时间很长。就现实的经济层面,让-保罗·萨特能提供波伏娃想要的生活环境与安全感。虽然两人一直通信到 1967 年,不过阿尔格伦早在 1965年就已娶了第二任妻子贝蒂(Betty Ann Jones)。至此,两人之间的情分也算名存实亡。

阿尔格伦在 1990 年过世。你可别觉得他自作自受,因为即便在生活与性格上有不少问题,他也因为波伏娃受到极重的情伤。1954 年,波伏娃出版了《名士风流》(*The Mandarins*)这本半自传体小说,书中描述知识分子间的往来故事。有一位主角名叫路易斯·布尔根(Lewis Brogan),是一位与女主角安妮(Anne)在情感上有长期往来的美国作家。明眼人一看就知道,这个角色指的就是阿尔格伦,所以据说阿尔格伦在美国读到这本小说的英译本后火冒三丈。阿尔格伦去世前,将波伏娃的情书全部给了波伏娃的养女西尔维（Sylvie Le Bon）。西尔维日后则将这些书信汇编成我们前面提到的《越洋情书》。或许让阿尔格伦唯一感到告慰的，是波伏娃未曾从手上拿下那枚他赠送的戒指。

复杂的关系与情感

　　波伏娃的恋情对象不只阿尔格伦一个——他是公开的恋人，此外还有未公开的，也有过世后才公开的，例如博斯特（Jacques-Laurent Bost）。博斯特曾是波伏娃教过的高中学生，他之所以跟波伏娃产生恋情，可能是因为他和波伏娃一样喜爱大自然，也可能因为他唤醒了波伏娃女性本能中母爱的部分。博斯特给予波伏娃的情感和阿尔格伦一样，是让－保罗·萨特所给予不了的。根据波伏娃 1939 至 1940 年间的日记，她写下自己如何担忧博斯特被征召入伍参战的事情。博斯特日后与奥尔加结婚——这位奥尔加就是前面提到过的、让－保罗·萨特曾经追过的女孩；此外，奥尔加也曾是波伏娃的学生。我知道你可能会觉得"贵圈真乱"，但毕竟他们曾是生活在一起的师生，所以关系近也合情合理。让－保罗·萨特为了让奥尔加以演员的身份出道，特别写了《苍蝇》（*The Flies*）这个剧本，好让她担任女主角。

奥尔加不只出演了让－保罗·萨特的戏剧，也在波伏娃的戏剧中担纲演出。对波伏娃来说，奥尔加的存在不只是学生，更有可能是恋人。这种既是恋人又是学生身份的，可不只奥尔加一人，至少还有比安卡（Bianca Lamblin）或娜塔莉（Natalie Sorokin）。这些波伏娃的学生，同时间或多或少也和让－保罗·萨特有情感关系。娜塔莉在这些人当中算是陷得不太深的，因为她在受到更进一步的伤害之前，她的母亲就已向学校投诉波伏娃诱导她女儿犯错。为此，波伏娃被吊销教师证，而娜塔莉日后不再和让－保罗·萨特或波伏娃有任何来往。但比安卡不一样，她陷得很深。比安卡曾是波伏娃的学生，那时波伏娃 30 岁，她 17 岁。她在波伏娃过世后写的回忆录中描述，她在学问与性方面都受到波伏娃的诱惑及影响。一年后，因着波伏娃她认识了让－保罗·萨特，让－保罗·萨特虽然看上去没有跟她进一步发生亲密行为的想法，但让－保罗·萨特通过双方书信往返让自己获得了需要的浪漫爱情。这真的是一段奇特的恋爱——两位老师彼此是恋人，但他们又都与同一位学生成为恋人。

让－保罗·萨特跟波伏娃可能很开心，但比安卡一点也不快乐。比安卡跟让－保罗·萨特、波伏娃维持了两年的恋情，对于自己既为情人又为学生的身份感到厌恶，她还厌恶这两位老师。此外，因为她是犹太人，第二次世界大战爆发时，人在法国的她深陷危机，但她的两位老师却对她不闻不问。比安卡之后嫁给让－保罗·萨特曾经教过的学生兰布林（Bernard Lamblin），并在婚后逃到东南法的维科地区，以假名生活，逃避纳粹的追捕。他们生了两个孩子，比安卡后来靠担任老师来赚钱养小孩。

当波伏娃过世后，波伏娃的日记以及波伏娃与让－保罗·萨特往返的信件被出版社出版，比安卡再次受到伤害。波伏娃与让－保罗·萨特在信件与日记里提到她时竟带着诸多嘲讽——这样的羞辱与痛苦让比安卡决意要写回忆录，为自己平反。我们前面提到的那位法国作家玛莉莲·亚隆，在著作中就表示，自己曾在巴黎与比安卡见面。当时，比安卡仍无法释怀；经历了这些痛苦的她认为，让－保罗·萨特与波伏娃对男女关

系的想法对第三者有害无益。早在 1941 年，比安卡就受忧郁
症所苦，其病因不只来自纳粹，也来自她觉得自己受到让－保
罗·萨特与波伏娃的玩弄。

　　让－保罗·萨特与波伏娃间那种剪不断理还乱的感情，
有时真让人摸不着头绪。按照艾格尼丝·普瓦里埃（Agnès
Poirier）的描述，让－保罗·萨特著名小说《呕吐》（*Nausea*）
一书是献给他亲爱的"小海狸"西蒙·波伏娃的——因为波伏
娃这个名字若用英语发音，听起来很像英文的海狸（beaver）。
对让－保罗·萨特来说，波伏娃既是他最好的朋友，又是互相
切磋的对象，更是他谈情说爱的伴侣。身为老师的他们极富
魅力，善于倾听又不批评，以致许多学生崇拜他们，并从崇拜
演变为爱慕。这两位老师在知道学生对自己的爱慕后，非常愿
意回应这样的情感，以致前面我们提到的奥尔加与妹妹旺达
（Wanda Kosakiewicz）、博斯特、比安卡、娜塔莉等都曾与他
们腻在一起，且有着各种各样丰沛的感情。这个"圈子"后来
被称为"让－保罗·萨特家族"，其中的成员各自保有小秘密，
他们原则上都能接受与两位老师保持短暂爱恋的情感，或分手
后继续维系朋友关系。

　　"让－保罗·萨特家族"一词专门用来指在学校里面，让－

保罗·萨特与波伏娃的那些超越了普通师生关系的人。至于在学校与"让－保罗·萨特家族"以外,他们还有多少恋人,我们实在不得而知。《世界报》在 2018 年曾公开 112 封西蒙·波伏娃的情书,不过这些书信并不是波伏娃写给让－保罗·萨特的,而是写给法国纪录片导演朗兹曼(Claude Lanzmann)的。大约在 1952 年,西蒙·波伏娃 44 岁,朗兹曼 26 岁。前者是让－保罗·萨特的情人,后者是让－保罗·萨特的秘书。两人同居了约 8 年的时间,这些书信就是波伏娃在这段时间写的。在给朗兹曼的信中,波伏娃表示她会永远当朗兹曼的妻子。这当然跟她在《第二性》中对婚姻的批评彼此矛盾。

　　让－保罗·萨特与波伏娃以外的情人们,跟他俩在一起时是快乐的,但发现自己被利用后当然会痛苦。或许我们很难理解,怎么会有这么多人迷恋这两位老师。不过从现实来看,尽管让－保罗·萨特与波伏娃一直在学术世界里,但他们总会顾念情人们的实际需要。作为老师,他们为情人寻觅合适的工作(像前面所提,让－保罗·萨特为自己的情人撰写剧本以提供其演出机会),也辛勤工作为情人与学生提供生活费。就算分手了,他们还是对曾经的情人大方慷慨,甚至爱屋及乌,包括前任情人的家人。这可能是补偿心态导致的,因为他们清楚地知道自己对两人以外的那些情人们产生了多么严重的影响，他们也承认正因为这些第三者付出的代价（不论是情绪上或是肉体上），才能让两人成为终身伴侣。例如波伏娃就承认自己伤害过比安卡。我们很难简单总结他们 50 年的情感之路，虽然他们订下这样的契约，也对彼此坦白，期望可以维系着两人间的情感，但他们始终无法摆脱个人在情感中产生的情绪。他们会因为知道另一半在情感上的真相而忌妒、愤怒、忧伤甚至哭泣。你或许可以认为，他们只是没有结婚而已，但婚姻中所有婚外情带来的伤害他们也都经历到了。

请你对自己负责!

让－保罗·萨特的爱情故事与他的理论还真有几分神似。如果要总结让－保罗·萨特的哲学,或许我们可以说一句:"请你对自己负责!"

我们在前面提到海德格尔时,曾说过他最重要的著作是《存在与时间》这本书。而让－保罗·萨特最重要的代表作则是《存在与虚无》——两本书的书名相似并非偶然,让－保罗·萨特真的是在向海德格尔致敬。在第二次世界大战爆发以前,让－保罗·萨特与海德格尔就已有非官方性的接触。第二次世界大战爆发后,让－保罗·萨特入伍参军,并且在1940

至 1941 年间被德军俘虏时，仔细阅读了海德格尔的《存在与时间》，并受到了相当大的影响。让－保罗·萨特似乎认为，自己的《存在与虚无》就是《存在与时间》的续篇。两本书相同地讨论了人的存在，也相同地探讨了人应该如何生活。不过让－保罗·萨特对于人的理解与大多数人不一样——沉浸在悲观中的他想要让人们感到乐观。

以往在讨论人的时候，哲学总是预设"上帝视角"来看待人。例如《圣经》中提到的，神创造人并把人放在伊甸园里，就是一种上帝的视角。用上帝的视角来看人的好处是，我们可以理解每一个人的"本质"，并且认为每个人都具有相同的特性。这种看待人的方法，在 18 世纪的法国遭到批判。当时法国哲学主流思想之一为无神论，无神论无法接受在我们这些理性生物之上，还要再增加一个连存在与否都无法确定的对象。为了解人具有相同的本质，当时法国哲学认同"人的本质先于人的存在"这样的想法。但是让－保罗·萨特觉得不对，我们是先活着才能思考活着的意义。这很像在问："你知道有什么事是你不知道的吗？"如果我不知道，我当然不会产生这样的问题。同样地，如果你不是活着的，你也不会问活着有什么意义。你不用担心，让－保罗·萨特并不相信上帝的存在，所以他也不相信在死后的世界中我们会如何知觉；就算有死后的世界，那也不是我们需要关心的。

让－保罗·萨特的说法就是后来被称为"存在先于本质"的主张。由于存在先于本质，所以不是我是谁决定了我的身份，而是我的身份决定了我真正应该是谁。当我们认知到自己是活生生存在的人之后，我们会开始规定自己应该成为自己想要成为的某个对象——小时候你可能想成为某位明星，长大后你可能想具有某些人格特质——不论哪一种，都因为你活着，你才能够重塑自己，成为你所想要的那个样子。因此，你必须为自己负责，让自己成为自己想要成为的那个人。

"可是我还有这个社会赋予我的身份啊！"当我们想创造自己的身份时，社会赋予的身份却又反过来限制我们。我们的身份与社会系统相关，社会要求我们"成为有道德的人"。不过让－保罗·萨特对这种要求很反感，因为我们就是真实地有各种各样的冲动啊。而要成为有道德的人，既要否认这些冲动，又要接受他人透过社会系统对我们进行各种改变，结果使我们不再是真正的我们。让－保罗·萨特并不是说伦理道德不重要，而是认为传统伦理学只是资产阶级用来控制群众的工具而已。既然我们可以创造自己，当然就能为自己负责。在有神存在的世界中，我们要成为有道德的人是因为有神要求我们；但若我们处在一个没有神的世界，那我们就成了"孤独而被抛弃的存在"——这本来是海德格尔的用语，现在却被让－保罗·萨特借来用于自己的书中。俄国文豪陀思妥耶夫斯基（Fyodor Mikhaylovich Dostoyevsky）亦提到，如果没有神，人就可以为所欲为了！但如果我们真的随便乱来，那我们的存在就没有意义了！所以让－保罗·萨特主张，我们既然活在这个无法得到保证的世界，我们就需要为自己负责。这种负责不能依靠我们以外的任何其他力量。

这就是为何我们必须选择，且需要进一步追问其他人是否也会如此选择的原因。因为有神存在的世界，我们的存在与意义可以依附于神的存在中；但当我们处于没有神存在的世界里，我们不过就是被抛弃于世上的存在。既然我们必须活在这个没有担保的世界上，我们便无须意外让－保罗·萨特反对弗洛伊德，因为弗洛伊德的潜意识理论把人带入无须负责的行径之中。但是对让－保罗·萨特来说，你该为你自己负责，不论是做梦或潜意识，都不能成为你为自己开脱的理由。从这个意义上来看，让－保罗·萨特和康德不一样，虽然两个哲学家都强调人与责任间的关系，但康德是从道德的角度出发，让－保罗·萨特却是从存在的角度谈的。

因为人本来就是矛盾的

让-保罗·萨特与波伏娃的爱情可能让人难以理解，对这样的关系的描述，我们可以从让-保罗·萨特书中对人的描写中看出。让-保罗·萨特从现象开始进行反省，并逐步带领读者考察自我的存在状态——这也是他被称为存在主义哲学家的原因之一。从该书的《导论》开始，让-保罗·萨特考察不同哲学家或流派对存在现象的解释理论，包括胡塞尔、海德格尔（我们要特别注意海德格尔对让-保罗·萨特的影响）、理性主义、经验主义、观念论等。我们在哲学史中随处可看到对自我意识、存在与现象探讨的理论，而这些都在胡塞尔的现象学中创造出与现代哲学的相关成就。过往我们讨论的都是二元论的状态，就像康德认为在表象的背后还有物自身一般。通过对现象的考察，让-保罗·萨特区分出"自在的存在"与"自为的存在"。以人为例，作为一个物理性的个人，人是一种自在的存在；作为一种意识存在的样态，人是一种自为的存在。但人作为一种存在，是一种只有自己能体验自己的存在。让-保罗·萨特在《恶心》（*La Nausée*）中告诉我们：我们可以通过直觉经验感受到自身的偶然性和荒诞的生存本性病态感觉，因为人的生存是偶然的，且没有明确目的。

这样的思想跟西方传统的形而上学有关。传统形而上学认为人是一种存在，形而上学只是把人放于存在的一种样式中。海德格尔对人作为一种存在进行了考察，虽然他的重点不是人，而是通过人考察存在的样式。但对让-保罗·萨特来说，过往形而上学关于存在的设定，并没有否定虚无作为经验现实的对象。严格来说，"虚无"就是我们生活的一部分，而不是某种负面的心理状态或不存在的某个对象。我们总会预期着某物或某个对象不在场的事实（例如"他没有来"）。这个概念相较于海德格尔提到的"存在"，仍可被视为是相同的概念，因为存在作为我们意识中想要理解的整体，不只有肯定的答案，还包括了否定的可能性。但"非存在"和不存在不同，因为非存在不属于自身的一部分，也不是作为存在的补充，非存在就是非存在。这表示当我选择成为自身的存在时，我就否定其他存在的可能性。但我是在意识中理解我的存在，意识不会消灭其他事物，而是会改变我与其他事物间的关系，从而产生意义。

意识的改变可以让自己产生自我欺骗，此状况可能变成，一种是认为自己并非真实，一种是视自己为对象而否定自由。你的工作决定你的身份，从而决定你的生存样式，这就形成让－保罗·萨特所称呼的"恶意"（bad faith），就是你无法超越自己的处境以实现自己，也就是我们无法根据所在的处境成为自己想要成为的对象。这是人类主体真正存在的核心，是存在对身份投射或认同间的差距。让－保罗·萨特以咖啡厅服务生为例，服务生目的清楚，按照顾客的要求完成所进行的动作。他是在"扮演"一个服务生，但本人作为主体并不是服务生。我们投射服务生这个角色到他身上，但清楚主体不是——那些难伺候的客人就是把服务生的角色当成主体。如果要摆脱这种恶意，我们必须把人的存在与形式上投射到这个人存在的角色上加以区分，区分这个人是其所是（真实存在样貌）与不是其所是（社会系统的角色与关注）。

其实自由需要付出代价

　　这些对于为自己负责的枯燥讨论，并不只是个人成长的励志课程，更讨论着社会与身份系统间的建构，也类似于我们在马克思那里提到的社会符号学问题。我对自己的认识可能是受到社会与身边众人的投射。我的身份决定我外在的样子。这里的样子并非指长相，而是指我是谁，以及别人觉得我是谁。当我被身边的众人赋予一个身份后，我的行事为人就必须符合这个身份。

　　等一下，这感觉好像情感勒索的前兆。我们总是认为某个人应该就是要成为或拥有什么样子，像是"身为老师你应该……"或"身为学生你应该……"。我们无法控制这些价值观赋予的评价与实践,因为我们总是通过对一个人的掌控来维系我们觉得他应该具有的身份,但这种掌控关系却是以爱之名,从而在情感上剥夺了他人的自由与权利。我们有可能只是建构了看上去亲近、实则疏远的感情关系。我们可以想象那些嘴巴上说"我这是为你好",从而禁止孩子进行某些事情的父母。他们虽然认为自己爱孩子,但事实上,他们的爱对孩子来说却是疏远且带有暴力剥夺性质的。至于那些被父母以爱之名对待的孩子,常让我们看到那种只能默默接受的状况——受到疏远与剥夺后,他们最终也接受自己就是这个样子。这是一种不自由,也是一种绝望。

那么我们应该如何选择呢?虽然你可以决定你自己究竟是谁,但这个世界在我们好好反省之前其实没有意义。让-保罗·萨特认为,我们的生活应该是日常生活行动与目的的总和,当我们好好思考这个世界,当我们作为一个有意识的主体后,这个世界就可以不再一样。任何事物在世上的意义取决于人们做出的选择。你可以赋予某事物意义,或是任其只是存在而已。例如,你可以将一把尺子插在一支笔的笔套上,然后假装那是一架飞机;你也可以把笔和尺子放在那里,仅把它们当作文具。毕竟是我们的意识赋予这些事物特定的意义，也让我们可以从这些事物中获得自由。虽然我们可以欺骗自己，也就是相信别人与己所做的选择不同，我们也或许受限于社会条件的制约，但我们终究是自由的个体，是在这虚无的世界中真实活着的人。

确实，这两个人的故事很矛盾。看上去两个人自由自在，享受这段关系中彼此给对方的自由，他们的关系看上去也维持得很好。但不论是信件或日记，我们很难说这段关系是美好的。毕竟他们有对彼此的忌妒、愤怒——这些情绪正是建立在对彼此的坦白与信任上的。他们的关系既矛盾又忠诚，但这是否能成为我们相同的实践呢？

通过他们的经历，我们再次思考一开始讨论的问题：是否真的有人可能既忠于一个伴侣又与其他人在一起？当然这个问题让我们能够思考让－保罗·萨特在《存在与虚无》中对人存在样式的想法，我们是否有可能通过扮演某个角色让自己存在，而事实上却没有主体的自由？或反过来说，我们是否也在扮演他人投射在我们身上的角色内容，尤其扮演着情人给我们的某些条件与限定，以致我们在情感中不论如何都不是真实的自己？

参考文献

本书在撰写过程中参考了大量资料。但为避免造成读者们阅读上的厌烦，以下只列举各章中最主要的参考资料，作为读者可使用的延伸阅读。

前言

1. 尤德尔的故事，可以参考罗秉祥二○一五年五月在《时代论坛》所发表《一将"功成"万骨枯：论神学家尤德尔的"性伦理实验"》一文。

2. 犬儒学派的故事，可参考彼得·弗朗斯（Peter France）

著，梁永安译，《隐士：透视孤独》（*Hermitsthe insights of solitude*），立绪文化，二〇〇一年。

第一章

1.《柏拉图全集》（*Plato:Complete Works*）四卷本，人民出版社，二〇〇三年。

2.《柏拉图》（*Plato*），伯纳德·威廉姆斯（Williams Bernard）著，何画瑰译，城邦文化，二〇〇〇年。

第二章

阿伯拉尔与爱洛依丝可在英文版本维基百科资源共享中找到全文与六封书信。

第三章

1.《二十岁的卢梭：对自由的激烈渴望》（*Jean-Jacques Rousseau à 20 ans : Un impétueux désir de liberté*），克劳德·玛佐里克（Claude Mazauric）著，郭维雄译，商周出版，二〇一四年。

2.卢梭的《忏悔录》，李平沤翻译，五南图书出版，二〇一八年。

3.《图解教育哲学》，叶彦宏著，五南图书出版，二〇一五年。

第四章

1.《康德：一个哲学家的传记》（*Kant:A Biography*），曼弗烈·孔恩（Manfred Kuehn）著，商周出版，二〇〇五年。

2.《批判哲学的批判——康德述评》，李泽厚著，三民书局，一九九六年。

第五章

1. 克尔凯郭尔的《爱在流行：一个基督徒的谈话省思》，林宏涛译，商周出版，二〇一五年，此书即为本章所提《爱的作为》。

2. 克尔凯郭尔的《诱惑者的日记》（*Forførerens Dagbog*），陈岳辰译，商周出版，二〇一五年。

3. 克尔凯郭尔的日记摘录《克尔凯郭尔日记选》，吴书榆译，商周出版，二〇一六年。

4.《哲学家作为诱惑者》，曾瑞明，二〇一九年发表在《香港 01》论坛。

第六章

1. 叔本华的《作为意志和表象的世界》，石冲白译，新雨出版社，二○一六年。

2. 吕迪格·萨弗兰斯基（Rudiger Safranski）所著《尼采：其人及其思想》是介绍尼采思想最为详尽的重要著作，此书由黄添盛译，商周出版社，二○二○年。

3. 约翰·凯格（John Kaag）的《在阿尔卑斯山与尼采相遇》（*Hiking with Nietzsche: On Becoming Who You Are*）是认识尼采的简易入门著作，此书由林志懋译，商周出版，二○一九年。

第七章

1. *M. Sokol, Jeremy Bentham on Love and Marriage: A Utilitarian Proposal for Short-Term Marriage.*

2. 穆勒的《效益主义》（*Utilitarianism*），邱振训译，暖暖书屋，二○一七年。

第八章

1.《马克思恩格斯全集》，共计五十卷，人民出版社，二〇一六年。

2. 罗伯特·霍奇（Robert Hodge）和巩特尔·克里斯（Gunther Kress）所著，周劲松与张碧所译的《社会符号学》（*Social Semiotics*）是认识这个领域的简易入门作品，四川教育出版社，二〇一二年。

第九章

1.《论婚姻与道德》，罗素著，娄兰君译，业强出版，一九八七年。

2.《罗素自传·第一卷（1872-1914）》《罗素自传·第二卷（1914-1924）》与《罗素自传·第三卷（1944-1967）》，罗素著，商务印书馆于二〇一五年二月出版，为简体字版本。

第十章

1.《法式爱情：法国人献给全世界的热情与浪漫》（*How the French Invented Love: Nine Hundred Years of Passion and Romance*），玛莉莲·亚隆著，何修瑜译，猫头鹰出版，二〇二〇年。

2.《巴黎左岸 1940-1950：法国文艺最璀璨的十年》（*Left*

Bank: Art, Passion, and the Rebirth of Paris 1940-1950），艾

格尼丝·普瓦里埃著，高霈芬译，创意市集，二〇二〇年。

　　3.《波娃恋人》（Beauvoir in Love），伊雷娜·弗兰（Irene

Frain）著，陈羚芝、李沅洳译，现在文化，二〇一五年。

图书在版编目（CIP）数据

哲学家都爱了谁？/ 黄鼎元著 . -- 北京：台海出
版社，2024.3

ISBN 978-7-5168-3778-8

Ⅰ . ①哲... Ⅱ . ①黄... Ⅲ . ①爱情－通俗读物 Ⅳ .
① C913.1-49

中国国家版本馆 CIP 数据核字 (2024) 第 026526 号

哲学家都爱了谁？

著　　者：黄鼎元

出 版 人：薛　原　　　　　　　　责任编辑：俞滟荣

出版发行：台海出版社
地　　址：北京市东城区景山东街 20 号　　邮政编码：100009
电　　话：010-64041652（发行，邮购）
传　　真：010-84045799（总编室）
网　　址：www.taimeng.org.cn/thcbs/default.htm
E－mail：thcbs@126.com

经　　销：全国各地新华书店
印　　刷：天津鑫旭阳印刷有限公司
本书如有破损、缺页、装订错误，请与本社联系调换

开　　本：880 毫米 ×1230 毫米　　　　1/32
字　　数：141 千字　　　　　　　　　印　　张：8
版　　次：2024 年 3 月第 1 版　　　　印　　次：2024 年 4 月第 1 次印刷
书　　号：ISBN 978-7-5168-3778-8

定　　价：45.00 元